BEI GRIN MACHT SIC
WISSEN BEZAHLT

- Wir veröffentlichen Ihre Hausarbeit,
  Bachelor- und Masterarbeit

- Ihr eigenes eBook und Buch -
  weltweit in allen wichtigen Shops

- Verdienen Sie an jedem Verkauf

Jetzt bei www.GRIN.com hochladen und kostenlos publizieren

Anezka Misonová

Der Vergleich von Grillparzers und von Horns Drama über König Ottokar und die Reaktion der tschechischen künstlerischen Öffentlichkeit auf beide Dramen

Srovnání Grillparzerova a Hornova Krále Ottokara a reakce české umělecké veřejnosti na obě dramata

GRIN Verlag

Bibliografische Information der Deutschen Nationalbibliothek:

Die Deutsche Bibliothek verzeichnet diese Publikation in der Deutschen National-
bibliografie; detaillierte bibliografische Daten sind im Internet über http://dnb.d-
nb.de/ abrufbar.

Dieses Werk sowie alle darin enthaltenen einzelnen Beiträge und Abbildungen
sind urheberrechtlich geschützt. Jede Verwertung, die nicht ausdrücklich vom
Urheberrechtsschutz zugelassen ist, bedarf der vorherigen Zustimmung des Verla-
ges. Das gilt insbesondere für Vervielfältigungen, Bearbeitungen, Übersetzungen,
Mikroverfilmungen, Auswertungen durch Datenbanken und für die Einspeicherung
und Verarbeitung in elektronische Systeme. Alle Rechte, auch die des auszugsweisen
Nachdrucks, der fotomechanischen Wiedergabe (einschließlich Mikrokopie) sowie
der Auswertung durch Datenbanken oder ähnliche Einrichtungen, vorbehalten.

Impressum:

Copyright © 2010 GRIN Verlag, Open Publishing GmbH
Druck und Bindung: Books on Demand GmbH, Norderstedt Germany
ISBN: 978-3-640-73151-0

Dieses Buch bei GRIN:

http://www.grin.com/de/e-book/159852/der-vergleich-von-grillparzers-und-von-
horns-drama-ueber-koenig-ottokar

GRIN - Your knowledge has value

Der GRIN Verlag publiziert seit 1998 wissenschaftliche Arbeiten von Studenten, Hochschullehrern und anderen Akademikern als eBook und gedrucktes Buch. Die Verlagswebsite www.grin.com ist die ideale Plattform zur Veröffentlichung von Hausarbeiten, Abschlussarbeiten, wissenschaftlichen Aufsätzen, Dissertationen und Fachbüchern.

Besuchen Sie uns im Internet:

http://www.grin.com/

http://www.facebook.com/grincom

http://www.twitter.com/grin_com

Univerzita Karlova v Praze

Filozofická fakulta

Diplomová práce

2010   Bc. Anežka Mišoňová

Univerzita Karlova v Praze

Filozofická fakulta

Ústav germánských studií

Diplomová práce

Bc. Anežka Mišoňová

Srovnání Grillparzerova a Hornova Krále Ottokara a reakce české umělecké
veřejnosti na obě dramata
(Der Vergleich von Grillparzers und von Horns Drama über König Ottokar
und die Reaktion der tschechischen künstlerischen Öffentlichkeit auf beide
Dramen)

The Comparison of Grillparzer's and Horn's King Ottokar and the Response
of Czech Cultural Public to Both Plays

Praha 2010

„Patriotismus ist Liebe zu den Seinen; Nationalismus ist Hass auf die anderen."

Richard von Weizsäcker

Děkuji vedoucímu své diplomové práce panu docentu Milanu Tvrdíkovi za užitečné rady a podněty, které mi při psaní velmi pomáhaly. Dále děkuji všem pracovníkům knihoven, studoven a badatelen, kteří trpělivě snášeli a odnášeli notně zaprášené prameny a literaturu 19. století a přispívali mi svými radami.

Děkuji také svým milujícím rodičům za jejich nekonečnou lásku a obětavou podporu v mých studiích, tuto práci věnuji s láskou a vděčností právě jim.

Prohlašuji, že jsem tuto diplomovou práci vypracovala samostatně a výhradně s použitím citovaných pramenů, literatury a dalších odborných zdrojů.

V Praze a Mladých Bukách dne 28. července 2010

Anotace

Tato diplomová práce začíná krátkým přehledem německé a české poezie, dramat a románů o českém králi Přemyslu Otakarovi II. Ve druhé kapitole se zabývá dobou, ve které byla napsána tragédie *Štěstí a pád krále Otakara* Franze Grillparzera a okolnostmi jejího vzniku, zahrnuje informace o censuře, kritické reakci Čechů ve Vídni a popisuje Grillparzerův vztah k Čechům a jeho pobyty na Moravě a v Praze. Třetí kapitola se týká života Uffo Daniela Horna, jeho politického angažmá v revoluci 1848 a stejně tak vývoje jeho vztahu k českému národu před a po revoluci. Čtvrtá kapitola nabízí jak stručné srovnání Hornových obou verzí *Krále Otakara*, tak podrobnější porovnání Grillparzerova a Hornova dramatu z hlediska stavby, děje, postav a jejich charakteristik. V poslední kapitole jsou chronologicky seřazeny reakce české umělecké veřejnosti.

Klíčová slova: Přemysl Otakar II., Franz Grillparzer, Štěstí a pád krále Otakara, biedermeier, historické drama, censura, Uffo Daniel Horn, revoluce 1848, Král Otakar, pražská německá literatura, politické drama, doba předbřeznová

Annotation

Die Diplomarbeit beginnt mit einer kurzen Übersicht der Titel aus der deutschen und tschechischen Poesie, Drama und Roman über den böhmischen König Přemysl Ottokar II. Das zweite Kapitel befasst sich mit der Charakteristik der Entstehungszeit, in der die Tragödie *König Ottokars Glück und Ende* von Franz Grillparzer geschrieben wurde und mit Umständen der Arbeit daran sowie Informationen über die Zensur und über die kritischen Reaktionen der Böhmen, bzw. Tschechen in Wien. Man findet hier auch Beschreibung des Verhältnisses Grillparzers zu (den) Böhmen, bzw. zu den Tschechen und seiner Aufenthalte in Prag und Mähren überhaupt. Das dritte Kapitel beschäftigt sich mit dem Leben des Uffo Daniel Horns, mit seinem politischen Engagement in der Revolution 1848 sowie mit der Entwicklung seines Verhältnisses zu der tschechischen Nation vor und nach der Revolution. Das vierte Kapitel bietet sowohl Vergleich beider Fassungen des *König Otakars* von Horn, als auch Vergleich der Dramen von Grillparzer und von Horn unter einem Gesichtspunkt des Aufbaus, der Handlung, der Figuren und deren Charakteristiken an. Im letzten Kapitel werden die Reaktionen der böhmischen künstlerischen Öffentlichkeit chronologisch geordnet.

Schlüsselwörter: Přemysl Ottokar II., Franz Grillparzer, König Ottokars Glück und Ende, Biedermeier, Zensur, historisches Drama, Uffo Daniel Horn, Revolution 1848, König Otakar, Prager deutsche Literatur, politisches Drama, Vormärz

Annotation

This dissertation commences with a short overview of German and Czech poetry, drama and fiction on the Bohemian King Přemysl Ottokar II. The second chapter discusses the times in which the tragedy *König Ottokars Glück und Ende* by Franz Grillparzer was written, and the circumstances of its creation – including information on censorship, critical reaction by Czechs in Vienna, Grillparzer's relation to the Bohemians as well as a description of his stays in Moravia and Prague. The third chapter is concerned with the life of Uffo Daniel Horn, particularly with his political engagement with the revolution of 1848 and with changes in his relation to the Czech nation before and after the revolution. The fourth chapter offers comparisons of Horn's two versions of *König Otakar*, and of Grillparzer's and Horn's plays – in the light of their construction, action, protagonists and their characteristics. The final chapter deals with the responses of the Czech cultural public, in chronological order.

Key words:

Přemysl Ottokar II., Franz Grillparzer, König Ottokars Glück und Ende, biedermaier, censorship, historical drama, Uffo Daniel Horn, 1848 revolution, König Otakar, Prague German literature, political drama, pre-March era

Inhalt

Einleitung

Für meine Diplomarbeit habe ich zum Vergleich zwei Dramen gewählt, die denselben Haupthelden haben und den identischen historischen Stoff bearbeiten. Im Jahre 1825 wurde im Wiener Burgtheater das Trauerspiel *König Ottokars Glück und Ende* von Franz Grillparzer uraufgeführt und genau zwanzig Jahre später erschien in Prag das Trauerspiel *König Otakar* von Uffo Daniel Horn. Allein diese zwei Tatsachen rufen viele Fragen hervor, die ich mich in der vorliegenden Diplomarbeit zu antworten bemühe. Ist es ein bloßer Zufall, dass zwei Autoren denselben Stoff aufgegriffen haben? Warum haben deutsche Dichter über böhmische Geschichte geschrieben? Wie haben es die Böhmen[1], bzw. die Tschechen empfunden? Wieso werden diese Dramen auf den tschechischen Bühnen nicht aufgeführt? Aus welchem Grund gibt es keine herausgegebene tschechische Übersetzung von diesen Dramen?

Zuerst beantworte ich jedoch die Frage, wie ich auf dieses Thema gekommen bin. Den österreichischen Dichter Grillparzer lernte ich zum ersten Mal in Wien näher kennen, als ich *Das goldene Vlies* im Burgtheater miterlebte. Ich verstand nur wenig, aber es war eben der Grund für mich, das Werk zu Hause in Ruhe nachzulesen und weitere Informationen darüber zu suchen. So stieß ich auch auf das Trauerspiel *König Ottokars Glück und Ende*. Ich sah die Inszenierung, die im Jahre 1955 anlässlich der Wiedereröffnung des Wiener Burgtheaters aufgeführt wurde, auf der Videoaufnahme. Ich fand sie furchtbar pathetisch und sie erinnerte mich sofort an die tschechische Hussiten-Trilogie, die eben in derselben Zeit von Otakar Vávra in der damaligen ČSSR verfilmt wurde. Obwohl ich in dieser 1955-Aufnahme von *König Ottokar* auch nicht alles verstand, fühlte ich, dass mein Patriotismus betroffen wurde und so war es Schluss mit dem alten Herrn Grillparzer, dessen Novellen mir doch sonst sehr gefielen.

Den Namen Uffo Daniel Horn kannte ich ziemlich gut, denn ich absolvierte das Gymnasium in Trutnov, wo ab und zu über den deutschen Stadtbürger die Rede war. An seiner Büste im Stadtpark ging ich regelmäßig vorbei und sie gefiel mir sehr. Sein Werk war mir jedoch nicht vertraut. Erst als Germanistik-Studentin las ich zum ersten Mal über sein Trauerspiel *König*

---

[1] Die Bezeichnung „Böhme" bedeutet einen übergeordneten Terminus für alle in Ländern der Böhmischen Krone lebenden oder aus diesen stammenden Personen. Als „Deutschböhmen" bezeichnete man diejenigen Böhmen, die überwiegend deutsch sprachen und sich zur deutschen, bzw. österreichischen Kultur bekannten. Und die „Tschechen" sind wiederum Böhmen slawischen Stammes, die sich um die tschechische Sprache und Kultur einsetzten (siehe dazu das erste Kapitel *Čech, český, Čechy, Česko: Ein Land und seine Namen* von Alexander Stich in: Koschmal, Walter/ Nekula Marek/ Rogall, Joachim (Hrsg.). *Deutsche und Tschechen: Geschichte, Kultur, Politik.* München: Verlag C.H.Beck, 2003. S. 14-24).

Otakar im Zusammenhang mit Bohemismus. Der unbekannte deutsche Dichter wurde allmählich ein Rätsel für mich und die Diplomarbeit war eine Gelegenheit, ihn besser kennen zu lernen und sich zugleich mit meinem verletzten Patriotismus auseinander zu setzen.

Obwohl dieses Thema auf den ersten Blick als höchst interessant für die tschechische Literaturwissenschaft scheint, wurde es nur relativ wenig beschrieben und wissenschaftlich bearbeitet, sowie die ganze Geschichte der Deutschböhmen im 19. Jahrhundert überhaupt. Trotzdem hat sich letztendlich eine Reihe von Quellen herausgestellt, die an dieser Stelle zu nennen sind.

Ich fange an mit den anderen Diplomarbeiten, wo ich die ersten Spuren zu weiteren Quellen und Literatur gefunden habe. Hana Sojková[2] befasste sich in ihrer Diplomarbeit mit der Rezeption Grillparzerschen Werke mit dem tschechischen historischen oder mythologischen Stoff. Im Institut für Germanische Studien beschäftigten sich mit der Frage „Grillparzer und die Böhmen bzw. die Tschechen" Karel Maršík[3] und Otokar Pazdziera[4], deren Arbeiten jedoch bereits lange überholt sind.

Am nützlichsten war mir die Diplomarbeit von Martin Vavroušek[5], die Horns Werke sowie Sekundärliteratur übersichtlich anbietet. In der Orientierung auf der politischen Ebene und in der biographischen Faktographie half mir sehr vor allem die Bakkalaureatsarbeit von Barbora Čermáková[6].

Im ersten Kapitel bemühte ich mich, eine Übersicht der deutschen sowie der tschechischen Dichtungen über Přemysl Otakar II. zusammen zu stellen. Dazu benutzte ich vor allem die Monographie von Arnošt Kraus im Falle der deutschen Dichtung, im Falle der tschechischen Literatur wählte ich die Titel aus dem Katalog der Nationalbibliothek, die also bis heute relativ zugänglich blieben.

---

[2] Hana Sojková: *Problematika recepce děl Franze Grillparzera s tematikou z českých dějin a mytologie.* Leitung: Gabriela Veselá, Diplomarbeit (Mgr.). Univerzita Karlova. Filozofická fakulta. Ústav translatologie. Praha, 2009. 82 S. verfügbar aus http://digitool.is.cuni.cz/R/?func=dbin-jump-full&object_id=76820
[3] Karel Maršík: *Franz Grillparzer a Češi.* Diplomarbeit (Mgr.). Univerzita Karlova. Filozofická fakulta. Ústav germánských studií, Praha, 1965. 150 S.
[4] Otokar Pazdziera: *Franz Grillparzer a Češi.* Dissertation (PhDr.). Univerzita Karlova. Filozofická fakulta. Ústav germánských studií, Praha, 1969. 75 S.
[5] Vavroušek, Martin: *Daniel Uffo Horn (1817-1860 über sein Leben und Werk),* Leitung: Václav Maidl, Diplomarbeit (Mgr.),Univerzita Karlova. Filozofická fakulta. Ústav germánských studií, Praha, 2007. 146 S. verfügbar aus http://digitool.is.cuni.cz/R/?func=dbin-jump-full&object_id=45270
[6] Barbora Čermáková: *Nacionalizace českých Němců roku 1848 na příkladu básníka Uffo Horna.* Leitung: Jiří Rak, Bakkalaureatsarbeit (Bc.),Univerzita Karlova. Fakulta sociálních věd. Institut mezinárodních studií. Mezinárodní teritoriální studia, Praha, 2001. 95 S.

Das zweite Kapitel widmete Franz Grillparzer: der Entstehungsgeschichte von *König Ottokars Glück und Ende*, der Zensurgeschichte und den ersten böhmischen Reaktionen in Wien, Grillparzers Verhältnis zu (den) Böhmen, bzw. zu den Tschechen und seinen Aufenthalten in Böhmen. Dafür waren mir außer einigen Biographien Grillparzers vor allem Pörnbachers *Erläuterungen und Dokumente* zu *König Ottokar* sowie Grillparzers *Selbstbiographie* oder *Briefe* sehr hilfreich.

Kapitel drei beinhaltet dasselbe über Uffo Horn, nur etwas ausführlicher, denn seine Persönlichkeit ist mit Böhmen viel enger verbunden als diejenige von Grillparzer. Vor allem die Informationen über Horns politisch-gesellschaftliche Tätigkeit im Revolutionsjahr 1848 sowie über seinen Gesinnungswandel in den 50er Jahren sind sehr interessant und rufen viele weitere Fragen hervor. Da sich alle diese Tatsachen in seinem Trauerspiel *König Otakar* einigermaßen widerspiegeln, halte ich es für notwendig, alle diese Aspekte zu berücksichtigen und in dieser Diplomarbeit zu beschreiben. Horns öffentliche Wirkung ist aus der historischen Fachliteratur über die Revolution 1848 und aus Memoiren von Frič zu rekonstruieren. Sehr nützlich erweisen sich die biographischen Studien über Horn von Fischer, Hansgirg, Loužil, Urban oder Wurzbach. Einige Informationen können natürlich auch den zeitgenössischen Periodika, wie *Bohemia,* entnommen werden. Im Archiv der Hauptstadt Prag befindet sich der unverarbeitete Nachlass von Uffo Horn in vier Kartonen. Es gibt dort leider nur wenige Beweise seines politischen Engagements, denn es geht meistens um seinen fragmentarischen dichterischen Nachlass, der nur aus einem geringen Anteil herausgegeben wurde. Eine von den dort sich befindlichen Handschriften halte ich jedoch für besonders wichtig. Es ist seine unvollendete und unveröffentlichte Zeitstudie *Vor dem 11. März*, die ich in der Diplomarbeit kurz beschreibe und in der Anlage als Transkript zur Verfügung stelle.

Das vierte Kapitel beinhaltet den Vergleich beider Dramen. Von Grillparzers *König Ottokars Glück und Ende* gibt es nur eine einzige herausgegebene Fassung, während Horn seinen *König Otakar* später in den *König Ottokar* umgestaltet hat. Ein oberflächlicher Vergleich von diesen zwei Hornschen Versionen ist hier ebenfalls zu finden. Die zweite Fassung von Horn aus dem Jahre 1859 ist sogar digitalisiert und auf den Webseiten der Nationalbibliothek Prag verfügbar. Für die Dramenanalyse verwende ich das theoretische Handbuch von Hans Krah und beim Vergleich nehme ich vor allem die Monographie von Arnošt Kraus zur Hilfe.

Die Reaktionen auf beide Dramen seit dem 19. Jahrhundert bis heute zähle ich im fünften Kapitel chronologisch mit konkreten Zitierungen auf. Diese entnehme ich den Studien und

Rezensionen von Bozděch, Frič, Glückselig, Kraus, Loužil, Hansgirg, Jelinek, Mikovec, Neruda, Tureček, Wurzbach usw., die in verschiedenen Zeitungen und Zeitschriften, sowie Almanachen und Jahrbüchern veröffentlicht wurden. Es lässt sich darin eine bestimmte Entwicklung verfolgen, die oft von der jeweiligen politischen und gesellschaftlichen Atmosphäre abhängig war.

Die vorliegende Diplomarbeit setzt sich zum Ziel, die bisherigen relevanten Informationen über beide Autoren und deren Dramen zu sammeln und eine Übersicht daraus zusammen zu stellen, aus der man neue Folgerungen ziehen könnte. Ich bemühe mich möglichst genaue Informationen aus den ursprünglichen Quellen mit Hilfe der buchstäblichen Zitierungen zu wiedergeben und möglichst wenig zu interpretieren, denn wie ich mich selbst davon überzeugt habe, kann jede Interpretation der Fakten die ursprüngliche Information sehr verzeichnen.

1. Přemysl Otakar II. in der deutschen und tschechischen Dichtung

Die historische Figur des böhmischen Königs Přemysl Otakar II.[7] inspirierte in der Geschichte der Literatur mehrere Autoren zur Bearbeitung dieses historischen Stoffes. Er ist einer der meist besungenen Herrscher dieses Geschlechts seit dem Mittelalter. Es entstanden Loblieder, Elegien, seit dem 17. Jahrhundert Dramen und seit dem 18. Jahrhundert auch Romane. Vor allem sein tragisches Ende lockt sowohl die Dichter als auch die Leser an. Für eine bessere Orientierung in der Problematik dient die folgende summarische Übersicht der wichtigsten deutschen und tschechischen literarischen Werke zu diesem Thema, die bis zum Anfang des 20. Jahrhunderts entstanden sind.

1.1 Poesie

Eine der ersten Dichtungen stammt von Otakars Zeitgenossen Ulrich von Eschenbach (auch Etzenbach), dem ersten in Böhmen geborenen deutschen Dichter, der am Hofe Otakars tätig war. Seine umfangreiche *Alexandreis* besingt den Fürsten, dessen Wappen ein weißer Löwe im roten Feld zeichnet (Kraus, 1999, S. 290f). Als die schönste Dichtung wird das lateinische Lied *Cantilena de rege Bohemiae* betrachtet, das durch die Chronik von Colmar erhalten bleibt (Kraus, 1994, S. 291). Ein anderer Zeitgenosse, Namensvetter und Feind des Königs Přemysl Otakar II. hieß Ottokar von Steiermark (falsch genannt auch Horneck), aus dessen *Österreichischen Reimchronik* Grillparzer Stoff für sein Drama *König Ottokars Glück und Ende*[8] schöpfte. Grillparzer legte dort dem Chronikschreiber einen berühmten Monolog in den Mund (Kraus, 1994, S. 292f). Noch bevor Grillparzer sein Drama verfasste, schrieb er seine vier Romanzen *Rudolf und Ottokar*[9]. In derselben Zeit wie Grillparzers Drama entstand das Gedicht *Rudolph von Habsburg* von dem hohen kirchlichen Würdenträger Ladislaus Pyrker aus Ungarn (Kraus, 1994, 299ff). Der Schauspieler Anschütz, der 1825 Grillparzers Ottokar darstellte, schrieb das Gedicht *Die Marchenfeldschlacht* (Kraus, 1994, S. 303). Zwei Jahre vor der Erscheinung des Vorspiels zu Horns Drama, wurde in demselben Almanach *Libussa* das patriotische Gedicht von Emanuel Feder *Ottokar der Große* abgedruckt. Seine Quelle war

---

[7] In dieser Diplomarbeit wird für die historische Person des böhmischen Königs die tschechische Bezeichnung „Přemysl Otakar II." benutzt. Für die literarische Figur des Dramas von Grillparzer wird die verdeutschte Form „Ottokar" verwendet. Für die Figur im Drama von Horn wird die verkürzte Form „Otakar" verwendet. Im Falle der Notwendigkeit die beiden Fassungen von Horn zu unterscheiden, wird für seine erste Fassung Bezeichnung „Otakar", für die zweite Fassung von 1859 „Ottokar" gebraucht.
[8] Weiter verkürzt auf *König Ottokar*.
[9] Sieh dazu Kapitel **2.4 Arbeit an König Ottokars Glück und Ende**, S. 21.

13

nicht wie bei den vorangehenden Autoren die *Österreichische Reimchronik*, sondern die *Cantilena de rege Bohemiae* (Kraus, 1994, S. 306).

In der tschechischen Literatur befindet sich nur ein bedeutenderes poetisches Werk, das ausschließlich dem König Přemysl Otakar II. gewidmet ist. Es geht um das historische Gedicht von Vojtěch Nejedlý[10], das unter dem Titel *Otokar*[11] in 3 Bänden im Jahre 1835 in Prag erschien. Dieses dichterisch nicht besonders bedeutende Epos präsentiert in 20 Gesängen die von oben verbreiteten Ideen der aufklärerischen Rationalität und Vollkommenheit. In Otokars Traum tritt die ganze künftige böhmische Geschichte vor, in der nur die starken Individuen den allgemein herrschenden Zerfall besiegen können. (DČL 2, 1960, S. 80).

1.2 Dramen

Eins der ersten Dramen über Přemysl Otakar II. schrieb 1595 Georgius Calaminus. Bereits in seinem Titel *Rudolphottocarus* zeigt sich, was alle Dramen mit diesem Stoff verbindet, nämlich die zwei gegeneinander stehenden Helden: Der Habsburger Rudolph und Přemysl Otakar II. (Kraus, 1994, S. 306). Da es eine historische Tatsache bleibt, dass Rudolf römischer Kaiser wurde und den böhmischen König besiegte, wird dieser in meisten Dramen viel mehr besungen als Otakar selbst.

Im 17. Jahrhundert wurden mehrere Jesuitenspiele über Rudolf und daher wohl auch über Otakar aufgeführt. In der Jesuitentragödie *Ottocarus, Bohemiae rex* von Nicolai Vernulaeus ist Otakar die Hauptperson (Kraus, 1994, S. 307). Auffällig ähnlich ist das zeitgenössische Drama von Lope de Vega *La imperial de Oton (Otons Kaiserkrone)*[12]. Oton gleicht dem böhmischen König, der Name des Kaisers Rudolf bleibt unverändert (Kraus, 1994, S. 308).

Im Jahre 1785 wurde am Hoftheater in Wien *Rudolph von Habsburg* des jungen schwäbischen Dichters Werthes uraufgeführt (Kraus, 1994, S. 310). Der ehemalige Jesuit Anton von Klein stellte sich nach der Aufhebung des Ordens ganz in den Dienst der Aufklärung und verfasste ebenfalls im Jahre 1785 seine Tragödie *Rudolph von Habsburg*. Sie

---

[10] **Vojtěch Nejedlý** (1772 – 1844), tschechischer Geistliche, Dichter, inspiriert von deutschen Dichtern Bürger, Wieland und Klopstock verfasste historischen Epen aus der tschechischen Geschichte (*Karel IV., Svatý Václav, Poslední soud, Vratislav*), Freund von Šebestián Hněvkovský, Veröffentlichungen in *Květy, Hlasatel* und *Časopis Muzejní*, populär zu seiner Zeit unter den Landleuten (Otto 18, 1902, S. 44f).

[11] DČL und Otto 18 geben den Titel als *Přemysl Otakar v Prusich* an. Das Epos ist jedoch als *Otokar* in digitalisierter Form unter
http://kramerius.nkp.cz/kramerius/MShowMonograph.do?id=24474&author=Nejedlý_Vojtěch verfügbar.

[12] Das Drama von Lope de Vega inspirierte auch den tschechischen Schriftsteller Jiří Lebduška, der das Drama *Přemysl Otakar II.: Hra o 11 obrazech na námět Lope de Vegy* im Jahre 1971 veröffentlichte.

wurde dann mehrmals umgearbeitet und gekürzt (Kraus, 1994, S. 314-319). Selbst Schiller habe einen *Rudolph von Habsburg* zu schreiben geplant (Kraus, 1994, S. 320).

Im Jahre 1804 legte Leutnant der kaiserlichen Garde Anton Popper sein Drama *Rudolph von Habsburg* der Zensur vor, das jedoch nie weder aufgeführt noch gedruckt wurde. Die Zensur wandte ein, „dass auf der Bühne unselige Zeiten geschildert wurden, als die Völker, die jetzt nur einem einzigen Zepter untertan waren, in wildem Kriegsgetümmel gegeneinander entbrannten" (Kraus, 1994, S. 320). 1806 reichte der Hofschauspieler Ziegler das patriotische Drama *Thekla, die Wienerin* der Zensur ein, aber es wurde erst 1809 uraufgeführt. Die Rücksicht auf die Tschechen spielte bei der Zensur auch hier eine gewisse Rolle (Kraus, 1994, S. 322). Erfolglos blieb das Schauspiel *Rudolf von Habsburg* von M. H. Mynart, das 1812 im Theater an der Wien uraufgeführt wurde (Kraus, 1994, S. 324).

Auch das Drama des bekannten August von Kotzebue wurde von der Wiener Zensur ursprünglich verboten. Schreyvogel hat es aber überarbeitet und es wurde 1815 unter dem Titel *Ottokars Tod* „mit kühler Anerkennung angenommen" (Kraus, 1994, S. 324). Im Jahre 1816 schickte Direktor im polnischen Kolberg anlässlich der Feierlichkeiten zur Hochzeit des Kaisers sein Drama *Rudolf von Habsburg* nach Wien. Hier spielt Přemysl Otakar die Hauptrolle, die Zensur schickte das Stück zurück mit dem Wunsch, Rudolf bald zum Hauptheld eines patriotischen Dramas werden zu lassen, die Veränderung wurde jedoch nicht unternommen (Kraus, 1994, S. 329). Vor allem Kotzebues Drama diente Caroline Pichler als Vorlage für ihr Libretto *Rudolf von Habsburg* (Kraus, 1994, S. 329).

Im Jahre 1825 folgte Grillparzers *König Ottokars Glück und Ende,* auch dieses Drama stieß auf Ablehnung der Zensur und von den Tschechen wird es ebenfalls sehr negativ aufgenommen (Kraus, 1994, S. 330-370). Eine entschlossene Reaktion auf Grillparzers *Ottokar* verfasste 1845 der deutschböhmische Dichter Uffo Horn mit seinem *König Otakar* (Kraus, 1994, S. 371). Diese zwei höchst interessante Widerspiegelungen der politischen und gesellschaftlichen Ereignisse in der ersten Hälfte des 19. Jahrhunderts werden in dieser Diplomarbeit ausführlicher behandelt.

Unter den tschechischen Dichtern befinden sich zwei Vertreter, die ihre Werke dem König Přemysl Otakar II. widmeten. Václav Vlček veröffentlichte im Jahre 1865 sein Trauerspiel unter dem Titel *Přemysl Otakar: truchlohra v pěti jednáních.* Im Jahre 1909 erschien *Přemysl Otakar II: historická tragédie ve čtyřech jednáních* von Bohumil Bouška.

1.3 Romane

In der Romanliteratur tritt der historische Roman von Friedrich Christian Schlenkert hervor, den er 1794 als vierbändige Biographie Rudolfs von Habsburg beendete (Kraus, 1994, S. 391). Als *Historisches Gemälde der Vorzeit* untertitelte im Jahre 1830 Theodor Montanus seinen Roman *König Ottokar der Stolze oder der Böhmen Kreuzzug im Preussenlande.* (Kraus, 1994, S. 394). In Witzlebens Almanach *Vielliebchen* erschien 1841 die letzte Erzählung des Autors A. von Tromlitz *König Przemysl Ottocar* (Kraus, 1994, S. 395).

Während die Dramenautoren den König Otakar meistens mit Rudolf von Habsburg verbanden, spielte in Romanen der Rosenberg Záviš von Falkenstein[13] eine entscheidende Rolle. So ist es in den ersten zwei Teilen des dreiteiligen Romans *Záviš von Rosenberg, genannt von Falkenstein,* der 1860 in Prag erschienen ist. Sein Autor August Peters nannte sich nach seinem Heimatdorf bei Chemnitz Elfried von Taura. Er schildert die böhmische Vergangenheit, als ob er ein tschechischer Patriot wäre. Peters gehörte nach Kraus „zu der geringen Zahl aufrichtiger Freunde der Versöhnung der Völker auf dem Boden der Freiheit, die sich nicht einmal vom Jahr 1848 täuschen ließen" (Kraus, 1994, S. 397f). Das Gegenteil von Peters' Záviš bildet derjenige von August Sperl, erschienen 1897 in München. Der Roman *Die Söhne des Herrn Budivoj,* mit dem sich Sperl einen klangvollen Namen in der modernen Literatur erwarb, bemüht sich die Vorgänge getreu der zeitgenössischen Quellen zu schildern (Kraus, 1994, S. 402).

Die tschechische Romanliteratur verfügt über einen bedeutenderen historischen Roman. Der stammt von der tschechischen Autorin der nationalen Wiedergeburt Sofie Podlipská. Ihr historischer Roman *Přemysl Otakar II.* erschien in den Jahren 1892 – 1893 und besteht aus drei Bänden: 1. Buch: *Anežka Palceřík. Nomeda,* 2. Buch: *Markéta Babenberská,* 3. Buch: *Kunhuta. Anežka Přemyslovna.*

---

[13] Ähnlich wie beim Přemysl Otakar II. wird auch die historische Person des Rosenbergs in dieser Diplomarbeit mit dem tschechischen Namen „Záviš" bezeichnet. Grillparzer nennt seine literarische Figur mit dem deutschen Äquivalent „Zawisch", Horn benutzt in der ersten Fassung „Zawiš von Falkenstein" in der zweiten Fassung „Zawis von Falkenstein".

2. König Ottokars Glück und Ende von Grillparzer

2.1 Charakteristik der Entstehungszeit

Grillparzers Trauerspiel in fünf Aufzügen *König Ottokars Glück und Ende* entstand in der ersten Hälfte der 20er Jahre des 19. Jahrhunderts. Es war eine sowohl politisch als auch wirtschaftlich relativ stabile Zeit zwischen zwei revolutionären Ereignissen, nämlich zwischen der Französischen Revolution, die dadurch entfesselten napoleonischen Kriegen mitgerechnet, und dem Revolutionsjahr 1848. Alle diese historischen Meilensteine bestimmten das Kulturleben in der Habsburgischen Monarchie maßgebend mit.

Nach der Niederlage Napoleons in der Schlacht von Waterloo 1815 und seiner Verbannung wurden die Beschlüsse umgesetzt, die auf dem Wiener Kongress ausgehandelt worden waren. Es ging um eine Ordnung Europas mit dem Ziel einer Restauration, d. h. der Wiederherstellung jener Verhältnisse, die vor der Französischen Revolution Europa geprägt hatten. Zu diesem Zweck gingen die konservativen Monarchen, der österreichische Kaiser Franz I., der russische Zar Alexander I. und der preußische König Friedrich Wilhelm III. ein Bündnis ein. Eine bedeutende politische Rolle spielte der Fürst Metternich, der im Dienst des österreichischen Kaisers stand. Er setzte die sogenannten Karlsbader Beschlüsse von 1819 durch, die eine starke Einschränkung jeglicher politischer Betätigung der Öffentlichkeit bedeuteten. Es wurde eine strenge Zensur für alle Veröffentlichungen eingeführt.

In der österreichischen Literatur entwickelten sich unter diesen Bedingungen parallel zur Romantik einerseits die Strömung des Biedermeiers und andererseits der österreichische Klassizismus, der vor allem durch Franz Grillparzer (1791 – 1871) repräsentiert wird. Der Ausdruck „Biedermeier" bezieht sich zum einen auf die subtile Wohnkultur und Kunst des Bürgertums, zum anderen auf die Literatur der Zeit. Als typisch für diese Zeit galt die Flucht ins Idyll und die Begrenzung des politisch-öffentlichen Engagements auf rein wissenschaftliche oder künstlerische Tätigkeit. Man wandte sich mehr der Ausbildung zu. Das kulturelle und gesellschaftliche Leben spielte sich in Folge der politischen Einschränkungen im Privaten ab. Die einzige Ausnahme bildete das Theater.

Bereits seit dem Beginn des 19. Jahrhunderts herrschte in den führenden Kreisen der Wiener Regierung das Bestreben, alles zu unterstützen, was die Vaterlandsliebe heben und beleben konnte. Das Theater diente damals als einer der wenigen öffentlichen Versammlungsorte, den die schaulustigen Wiener fleißig besuchten. So erschien die dramatische Kunst als das wirksamste Mittel zur Erreichung des patriotischen Zweckes. Zu den beliebtesten gehörten zu dieser Zeit vor allem Goethes und Schillers historische Trauerspiele (Necker, o. J., Band 5, S. 4f). Österreich verfügte bisher jedoch nicht über seine eigene, dermaßen hervorragende, schöpferische Persönlichkeit des Dramas und der Literatur überhaupt.

2.2 Grillparzers Verhältnis zu (den) Böhmen

Franz Grillparzer wurde 1791 in Wien geboren, wo er in der bürgerlichen Familie eines Rechtsanwaltes aufwuchs. Für ihn war damals Böhmen eins der vielen Länder im Vielvölkerstaat der Habsburgischen Monarchie, das er während einiger Aufenthalte teilweise kennen lernen konnte.

Kraus beschreibt das Bild der Böhmen in Augen der Wiener Bürger, für die Wien die „einzige Kaiserstadt" war und das übrige Reich nur Provinz darstellte, die die Bedürfnisse der Hauptstadt zu decken hat. Die ganze Provinz schickte ihre Stellvertreter nach Wien, nach diesen sich die Wiener ein Bild von allen Völkern machten. Der stärkste Zustrom aus Böhmen kam aus Norden, von der „Taborlinie". Es waren überwiegend Handwerker, Arbeiter und Lehrlinge, armes Volk mit Schwielen an den Händen, ungeschliffen, pöbelhaft und erniedrigt. Sie wurden „Böhm'" genannt, dieses Wort bekam einen so unfreundlichen Bedeutungsgehalt, dass Grillparzer, der die Tschechen in ihrem Heimatland kennen gelernt hat, sie scherzhaft von diesem Namen befreien wollte. Und deshalb nannten diese Böhmen sich selbst lieber „Tschechen". „Der Adel, die Bürger, die Beamten, die Gelehrten, die aus Böhmen kamen, unterschieden sich in nichts von den deutschen Österreichern; wenn sie irgendeine Besonderheit, zum Beispiel in der Aussprache, aufwiesen, sahen sie zu, sie loszuwerden und empfanden sie als einen Makel" (Kraus, 1999, S. 362f).

Abgesehen vom Umgang mit den Böhmen in Wien gründete Grillparzer sein Verhältnis zu den Böhmen größtenteils auf eigenen Erfahrungen und Erlebnissen aus den wenigen Böhmenaufenthalten, die nicht immer unter glücklichen Bedingungen verliefen. Seine Schilderungen und Bemerkungen in der *Selbstbiographie*, *Briefen* und *Tagebüchern* klingen für Böhmen nicht immer schmeichelhaft aus. Die weitere Entwicklung der Beziehung Grillparzers zu den Böhmen wird im Kapitel 2.6 Reaktion der Böhmen in Wien weitergeführt.

Grillparzer war ein sehr empfindsamer Mensch, der sich leicht durch äußere Anregungen stark und langfristig, wenn auch nicht endgültig beeinflussen ließ. Gerhart Reckzeh analysiert ausführlich Grillparzers Verhältnis zu den Tschechen anhand dessen Aussagen in der

Monographie *Grillparzer und die Slaven*[14]. Die Anschauungen über die Tschechen bei Grillparzer modifizierten sich je nach der momentanen politischen Lage und nach der intensiveren oder geringeren direkten Berührung mit dieser Nation.

Ausgehend von einer physischen Antipathie in den Jugendjahren, wächst Grillparzers Abneigung allmählich zu politisch begründeter Feindschaft und gleichzeitiger Verachtung des tschechischen Nationalcharakters wie Missachtung seiner Lebensansprüche. Nach Reckzeh erreicht Grillparzers feindseliger und zugleich verächtlicher Standpunkt einen Höhepunkt gerade im *König Ottokar*. Dann nimmt er zögernd dies und jenes zurück, aber immerhin bleibt in seinem spärlichen Lob ein Tadel verborgen. Aus der anfänglich unterschiedslosen Verneinung entwickelte sich eine bloße Anerkennung der realen Bedeutung dieser Nation, jedoch nie eine Anerkennung ihrer inneren Werte, ihres nationalen Wesens (Reckzeh, 1929, S.11f).

Zusammenfassend könnte man die Entwicklung der Beziehung Grillparzers zu den Böhmen etwa so charakterisieren. Im Allgemeinen kann man diese Beziehung als eine ambivalente bezeichnen, sie hat sich jedoch nach der Uraufführung von *König Ottokars Glück und Ende* radikal verschlechtert. Eine bestimmte Rolle spielten gewiss auch Grillparzers Besuche des Landes und der zweite Besuch in Mähren spiegelte sich direkt in seinem *König Ottokar* wider. Nach dem Besuch Prags, das ihn begeisterte, hat er seine Meinung vorübergehend aufgewertet, nach 1848 kritisierte er wiederum den wachsenden tschechischen Patriotismus.

2.3 Mähren

Als 1809 Grillparzers Vater verstarb, geriet die Familie in Not und der 18jährige Franz musste als der älteste Sohn noch während des Jurastudiums seine Mutter und drei jüngere Brüder materiell sichern (Auernheimer, 1972, S.17f). Seit März 1812 gab Grillparzer Unterricht dem Neffen des Grafen Josef August von Seilern[15]. Mit dieser Familie besuchte Grillparzer als 21jähriger zum ersten Mal Böhmen, bzw. Mähren (Müller, 1963, S. 23). Die Familie verbrachte den Sommer 1812 an ihren Gütern in Kralitz[16] und Lukow[17], wo Grillparzer mit seinem, bloß ein Jahr jüngeren, Zögling völlig beschäftigt war und daher fast

---

[14] Kapitel I: Direkte Aeußerungen Grillparzers über das Slaventum. 1. Die Tschechen
[15] Besitzer der Fideicommissherrschaften Litschau in Niederösterreich, Kralitz u. Lukow etc. in Mähren (Pierrer's 15, 1862, S. 796).
[16] Kralitz (tschechisch Kralice na Hané) befindet sich 5 km östlich von Prostějov.
[17] Grillparzer spricht über Lukow, so hieß die ehemalige Burg, 1804-1810 ließen die Seilern in der Nähe ein Schloss mit Fasanerie bauen, das heute Lešná genannt wird (http://www.zoozlin.eu/cz/zamek-lesna/).

keine Zeit für seine eigenen dichterischen Bemühungen hatte, was ihn sehr verstimmte. Die ersten Eindrücke aus dem Aufenthalt in Mähren beschrieb er in dem Brief an seine Mutter aus dem 2. August 1812:

Das Land wollte mir anfangs gar nicht behagen, aber das gibt sich nach und nach, ich kann jetzt schon beinahe die Mährischen Bauernweiber hören, sehen und riechen, ohne mich zu übergeben, was mir anfangs sehr schwer gelingen wollte. (Grillparzer, 1913, S. 36f)

Daraus lässt sich schließen, dass ihn die mährische Landschaft trotz allem allmählich eingenommen hatte. In seinen Erinnerungen in der *Selbstbiographie*, die mit etwa vierzigjährigem Abstand geschrieben worden ist, drückt er sich allerdings viel freundlicher aus:

Das Landleben ist angenehm für sich, und so fand ich mich denn endlich zurecht. Ich fing sogar an, die böhmische Sprache zu lernen, habe es aber nie weiter gebracht, als zur Benennung der Speisen, den Schimpfnamen und den Jagdausdrücken. (Grillparzer, 1924, S. 185*)*

Den nächsten Sommer 1813 verbrachte Grillparzer mit der Familie Seilern wieder in Mähren. Diesmal nahm der Landaufenthalt ein böses Ende. Als nämlich der junge Grillparzer den alten Grafen von Seilern auf dessen ausdrücklichen Wunsch in der offenen Kutsche in die Kirche begleitete, erkältete er sich beim Regenschauer so stark, dass er mehrere Tage im Fieber lag. Er wurde außerhalb des Schlosses in einem Badhaus vom Personal versorgt, das kaum Deutsch sprach und das ihn noch bestahl. Ihm ging es so schlimm, dass man zu ihm sogar einen Geistlichen rief. Diese Erfahrung muss in dem jungen Mann einen bitteren Nachgeschmack hinterlassen haben, um so mehr, als er nach seiner Rückkehr in Wien an Rezidiv litt und nachher bei Seilerns als Erscheinung betrachtet wurde, denn man habe an seine Genesung nicht mehr geglaubt und einen neuen Hofmeister bestellt (Grillparzer, 1924, S. 187ff).

Die Zeit in Seilerns Diensten bezeichnet Grillparzer aus vielen Gründen als „die traurigste Zeit meines Lebens, hat die übelste Wirkung auf meine Stimmung und Jugendentwicklung gehabt und nur die Lagen und dringenden Bitten meiner Mutter hielten mich ab, den Zwang gewaltsam zu durchbrechen" (Grillparzer, 1924, S. 186).

Es gibt Vermutungen, dass Grillparzer Inspiration zu der *Ahnfrau* bei einem der mährischen Aufenthalte in der Schlossbibliothek in Groß Ullersdorf (Velké Losiny) gefunden habe (Antonín, 2007, S. 15). Nach Luboš Antonín habe Grillparzer den Stoff zu *Ahnfrau* geschöpft aus der Legende über Borotiner weißer Frau, die auf deutsch in der Geschichte *Die blutende*

20

Gestalt mit Dolch und Lampe oder Die Beschwörung im Schlosse Stern bei Prag bearbeitet wurde (Antonín, 2007, S. 15). Das lässt sich jedoch nicht zuverlässig nachweisen[18].

Eine Szene in *König Ottokars Glück und Ende* erinnert allerdings ganz offensichtlich an Orte des zweiten mährischen Aufenthalts im Jahre 1813, als Grillparzer krank in einem Badhaus hilflos lag:

In Znaim verlor er sich von dem Gefolge [...]	*1978*
In Kraliz sah man ihn, in Hradisch, Lukow;	*1981*
Zuletzt in Kostelez, hartbei an Stip,	
Da, wo die kleine Wunderquelle fließt, [...]	
Ein ärmlich Badhaus steht dort in der Tiefe, [...]	*1985*
Ein Ort zum Sterben mehr, als um zu leben!	*1988*
(Grillparzer, 1992, S. 76)	

Seit 1815 wurde Grillparzer als Konzeptspraktikant bei der Hofkammer (der späteren Finanzkammer) angestellt, wo er den Grafen Stadion kennen lernte, der seine literarische Arbeit unterstützte. Grillparzer verbrachte als Ministerialkonzipist beim Finanzminister Stadion[19] und dessen Familie in Jamnitz[20] einige Monate im Jahre 1823, was er jedoch als „unleidlich" bezeichnete (Grillparzer, 1924, S. 247). Hier entstand das Gedicht *Entzauberung*[21]. Noch drei Jahre später auf der Reise nach Deutschland über Znaim erinnert er sich an „jene Frohnfahrten" mit dem Grafen Stadion (Grillparzer, 1916, S. 221).

2.4 Arbeit an König Ottokars Glück und Ende

Das Trauerspiel *König Ottokars Glück und Ende* gehört zu den frühen Werken Grillparzers, trotzdem war er in der Zeit der Entstehung dieses Dramas kein unerfahrener Dramatiker mehr. Aus den Jahren 1809 bis 1815 stammen zahlreiche dramatische Ansätze, Entwürfe und auch seine erste vollendete Jambentragödie *Blanka von Kastilien* (1810), die jedoch nicht zu seinen Lebzeiten uraufgeführt wurde (Müller, 1973, S. 20f).

---

[18] Siehe dazu den Beitrag von Pavel Schafferhans: *Byla skutečně Pramáti na hradě Borotíně?* In: *Pod Blaníkem*, Jg. XI. (XXXIII.), Nr. 3, S. 9-13.
[19] **Johann Philippe I. Graf v. Stadion** (1763-1824) hat als öster. Minister des Äußern und der Finanzen große Verdienste um die Wiederherstellung und Ordnung des zerrütteten öster. Finanzwesens erworben (Brockhaus 4, 1841, S. 272).
[20] Tschechisch Jemnice, 1815-1826 gehörte dem Grafen J. P. von Stadion (http://www.mesto-jemnice.cz/vismo/dokumenty2.asp?id_org=5822&p1=1227&id=46227).
[21] Franz Grillparzer: *Sämtliche Werke.* Band 1, München [1960–1965], S. 161 verfügbar aus http://www.zeno.org/Literatur/M/Grillparzer,+Franz/Gedichte/Gedichte/Entzauberung?hl=entzauberung.

Der Anfang der öffentlichen dramatischen Tätigkeit Grillparzers datiert sich wohl seit seiner Bekanntschaft mit dem Burgtheaterdirektor Josef Schreyvogel[22] im Jahre 1816. Dieser gab dem jungen Dichter Zutrauen in seine dramaturgische Begabung und ermunterte ihn zu literarischer Tätigkeit. Es entwickelte sich in der Folgezeit zwischen den beiden eine enge Freundschaft. Der „beamtete Dichter oder der dichtende Beamte" Franz Grillparzer führte mit seinen ersten Stücken eine Wende herbei, denn unmittelbar nach dem erfolgreichen Schicksalsdrama *Ahnfrau* (Uraufführung 31. 1. 1817) entstand in kurzer Zeit von drei Wochen *Sappho* (21. 4. 1818). Sein Ruf verbreitete sich von jetzt an über die Grenzen des österreichischen Kaiserstaates. Die deutschsprachigen Bühnen begannen seine Stücke aufzuführen, auch der Buchmarkt wurde auf Grillparzer aufmerksam gemacht. Im Mai 1818 wurde er für die kommenden fünf Jahre zum Theaterdichter ernannt und begann an der Trilogie *Das goldene Vlies* zu arbeiten (Mikoletzky, 1990, S. 11f).

Zur böhmischen Mythologie und Geschichte neigte Grillparzer seit seinen Schuljahren[23] und auch in seinem ersten erfolgreichen Drama *Ahnfrau* habe er eine alte böhmische Legende bearbeitet. So ist *König Ottokars Glück und Ende* weder das erste noch das letzte Werk Grillparzers mit einer böhmischen Thematik. Es sind noch weitere Dramen zu nennen: *Libussa, Ein Bruderzwist in Habsburg* und ein Fragment *Drahomira*[24].

Mitte November 1818, noch während der Arbeit am *Goldenen Vlies,* las Grillparzer in Pubitschkas[25] *Chronologischer Geschichte Böhmens.* Das brachte ihn auf den Gedanken, ein Trauerspiel *König Ottokar* zu schreiben (Pörnbacher, 1970, S. 31). Bereits im Dezember 1818 und im Januar 1819 verfasste Grillparzer vier Romanzen im trochäischen Versmaß unter dem Titel *Rudolf und Ottokar* (Pörnbacher, 1970, S. 52). Nach dem Selbstmord seiner Mutter[26] reiste Grillparzer zur Ablenkung von dem traurigen Ereignis nach Italien, wo er das verhängnisvolle „römische" Gedicht verfasste, das von Zensur als „Papsttum beleidigende"

---

[22] **Josef Schreyvogel** (1768-1832), Dramaturg und Dichter, studierte in Wien, privatisierte 1794–97 in Jena, wo er an Schillers *Thalia* und Wielands *Merkur* mitarbeitete, und war 1802 an Kotzebues Stelle als kaiserlicher Hoftheatersekretär nach Wien berufen. Nachdem er 1814 in sein früheres Amt als Hoftheatersekretär zurückgetreten ist, erwarb er sich große Verdienste um die Hebung des Burgtheaters, besonders durch seine treffliche Bearbeitung spanischer Dramen. Grillparzer schätzte ihn als Freund und literarischen Berater sehr hoch (Meyers 18, 1905, Seite 37).
[23] Im Sommersemester 1807 entstand der Entwurf einer Schulaufgabe unter dem Titel *Rede zum Lobe Rudolfs von Habsburg* (Pörnbacher, 1970, S. 51).
[24] Zu diesem Thema siehe Hana Sojková, l.c.
[25] **Franz Pubitschka** (1722 – 1807), Jesuit und Geschichtsschreiber, Lehrer in Prag, Olmütz und andern Orten, 1785 philosophischer Doktorgrad an der Prager Universität, verblieb auch nach der Aufhebung seines Ordens in Prag, Historiograph des Königreichs Böhmen: *Chronologische Geschichte Böhmens unter den Slaven* (Prag 1770–1808, in 10 Bänden), die erste in deutscher Sprache abgefasste Geschichte Böhmens bis auf Kaiser Ferdinand II. (Meyers 16, 1908, S. 435).
[26] 23. Januar 1819 (Auernheimer, 1972, S. 88f).

bezeichnet wurde und einige Schwierigkeiten dem jungen Autor bereitete (Mikoletzky, 1990 S. 20).

Am 6. März 1821 verlobte sich Grillparzer mit Katharina Fröhlich, die er jedoch nie heiratete (Mikoletzky, 1990, S. 18). Noch in demselben Monat, am 26. und 27. März, war das *Goldene Vlies* zur Uraufführung gekommen ohne einen besonderen Erfolg (Mikoletzky, 1990, S. 23). Im August desselben Jahres wurde Grillparzer von der Allgemeinen Hofkammer[27] ins Finanzministerium versetzt und beendete daher seinen besoldeten Vertrag mit dem Burgtheater, dessen Dichter er aber weiterhin blieb (Mikoletzky, 1990, S. 23).

Als Grillparzer im Juli 1821 über Napoleons Tod erfuhr, begann er sich mit dieser Persönlichkeit näher zu beschäftigen und fand bestimmte entfernte Ähnlichkeiten mit dem Böhmenkönig Ottokar II. Seitdem fing er mit dem intensiven Studium der böhmischen Geschichte des Mittelalters an, wozu er auch Mittelhochdeutsch lernte, denn eine seiner Hauptquellen war die Reimchronik Ottokars von Horneck[28] (Grillparzer, 1924, S. 240). Die mehrmals überarbeitete Reinschrift des Trauerspiels reichte er nach Mitte Oktober 1823 beim Hofburgtheater ein (Pörnbacher, 1970, S. 64).

2.5 Zensur – Vorzeichen der Reaktionen

Der Polizeipräsident Graf Sedlnitzky[29] verkannte „keineswegs die gute Absicht des Verfassers, das Andenken des großen Stifters der Habsburgischen Dynastie, somit einer der glänzendsten Epochen in der Geschichte des österreichischen Kaiserhauses anzuregen" (Pörnbacher, 1970, S. 73). Andererseits wendete er unter anderem ein, dass das „Hauptmotiv der Katastrophe", nämlich die Scheidung Ottokars von seiner ersten kinderlosen Gemahlin Margarethe von Österreich und die Vermählung mit Kunigunde von Massovien, „von dem Publikum auf die Geschichte der neuesten Zeit bezogen werden und sohin den Anlaß zu

---

[27] Ab 2. März 1815 als Konzeptspraktikant bei der Allgemeinen Hofkammer (Mikoletzky, 1990, S. 10).
[28] **Ottokar von Horneck,** war aus Steyermark im Gefolge Rudolfs von Habsburg, ritterlicher Dienstmann des Grafen Otto von Lichtenstein und starb um 1320. Er verfasste zwischen 1300 und 1317 eine Österreichische Chronik in Versen, welche die Begebenheiten der zweiten Hälfte des 13. Jahrh. erzählt, herausgegeben in 3 Bänden von Pez, *Scriptores rerum austriacarum* (Pierer's 8, 1859, S. 542).
[29] **Joseph Graf Sedlnitzky von Choltitz** (1778 – 1855) österreich. Polizeipräsident, geboren in Troplowitz in Österreichisch-Schlesien aus einem alten böhmischen, früh nach Mähren übergesiedelten Geschlecht, diente zuerst beim Landesgubernium in Lemberg, kam dann als Kreiskommissar nach Brünn, 1806 als Kreishauptmann nach Troppau, später als Gubernial-Vizepräsident nach Lemberg und wurde 1815 Vizepräsident, 1817 Präsident der obersten Polizei- und Zensurhofstelle in Wien, der er bis zum Jahre 1848 als rechte Hand des Ministers Metternich vorstand. Der von ihm ausgeübte Zensurdruck und sein Polizeispürsystem trugen viel zum Ausbruch der Märzrevolution bei (Meyers 18, 1909, S. 244).

unangenehmen Erinnerungen geben dürfte"[30]. Es ist genau eine der Ähnlichkeiten mit Napoleon, die Grillparzer an Ottokar II. bereits 1821 erinnerte, wie er es auch in seiner *Selbstbiographie* erwähnt (Grillparzer, 1924, S. 240). Sedlnitzky befürchtete weiter, durchaus berechtigt, wie es sich auch später zeigte, dass „die im grellsten Lichte hier dargestellten, die Hauptmotive und Momente des Trauerspiels begründenden heftigen Reibungen der verschiedenen Völkerstämme des österreichischen Kaiserstaates untereinander, besonders aber der Kontrast, in welchem die Österreicher gegenüber denen überall mit den ungünstigsten Farben geschilderten Böhmen hier dargestellt werden, billigen Anstand gegen die Zulässigkeit des vorliegenden Trauerspieles erregen dürfte" (Pörnbacher, 1970, S. 67).

Die amtliche Stellungnahme von der Hof- und Staatskanzlei folgte schon nach zehn Tagen und teilte mit, dass „ohne gänzliche Umarbeitung" das Trauerspiel weder im Druck erscheinen noch auf irgendeiner österreichischen, desto weniger auf der Bühne des k. k. Hoftheaters aufgeführt werden durfte (Pörnbacher, 1970, S. 69). Es wurde jedoch von der Zensur kein offizieller Erlass veröffentlicht. Erst in einem amtlichen Verzeichnis der nicht zugelassenen Stücke vom 21. Januar 1824 stand auch das Trauerspiel *König Ottokar* da und zwar „aus politischen Gründen" (Pörnbacher, 1970, S. 70).

Nur reiner Zufall hat dem Stück zur Aufführung verholfen und zwar, dass die Kaiserin Karoline Auguste sich zu dieser Zeit „unwohl befand" (Grillparzer, 1924, S. 248). Während sie etwas zum Lesen suchte, fiel ihr ein, sich etwas von der Zensurstelle holen zu lassen. Der Dichter Matthäus Collin[31] empfahl ihr gerade Grillparzers Trauerspiel *König Ottokar*, das Kaiserin sehr beeindruckte. Als sie vor dem Kaiser ihre Verwunderung aussprach, dass dieses Stück von der Zensurhofstelle vorenthalten wird, betraute Kaiser seinen Leibarzt Stifft[32] mit Beurteilung des Trauerspiels. Dieses Gutachten beseitigte durch schlagende Argumente alle Einwände und Befürchtungen des Graphen Sedlnitzky und bewertete das historische Stück auch künstlerisch sehr hoch. Zur Frage der potentiellen Völkerunruhen äußert sich Stifft folgend:

---

[30] Aus der Note der Polizei-Hofstelle an die k. k. geh. Hof- und Staatskanzlei von 21. 12. 1823, zitiert nach Pörnbacher, 1970, S. 67.
[31] **Matthäus von Collin** (1779 – 1824) Dichter und Ästhetiker, studierte neben der Rechtswissenschaft auch Philosophie und Geschichte, wurde 1808 Professor der Ästhetik an der Universität Krakau und später Proffessor der Geschichte und Philosophie in Wien. 1815 übernahm er die Erziehung des Herzogs von Reichstadt (Sohn Napoleons I. und Marie-Luise von Österreich, der in Wien erzogen wurde) (Meyers 4, S. 227).
[32] **Andreas Joseph Freiherr von Stifft** (1760 – 1836) wurde 1795 Stadtphysicus, 1796 Hofarzt, 1798 wirklicher Leibarzt, 1803–8 auch Direktor des medizinischen Studiums in Wien, 1813 geheimer Rat, Staats- u. Konferenzrat und 1826 geadelt. Seinem Einfluss auf Kaiser Franz I. verdankte man 1832 die Aufhebung der Cholerasperre in Österreich (Pierer's 16, 1863, S. 828).

Grillparzers Stück lässt die Nationen als solche ganz aus dem Spiele; keine wird getadelt, gegen keine kommt etwas Anzügliches, Anstößiges oder Herabwürdigendes vor, und die Böhmen erscheinen in Ottokars Glück sehr hoch gestellt, geachtet von anderen Nationen und als tapfere Krieger und Besieger der Ungarn mit Ruhm bedeckt. Ottokar's Fall wird <u>einzig</u> aus seinem rauen, ungerechten und tollen Benehmen entwickelt, ohne Bezug und Schattenwurf auf die Böhmische Nation, deren Große durch gewaltsame Einziehung ihrer Güter er so ungerecht als die Edlen von Österreich und Steyermark behandelte. Und sogar Ottokar's Character wird von dem Dichter gemildert, dass von seiner Wildheit mehr dem Zeitalter als der Person zu gehören scheint, ja am Ende lässt er ihn vollends zu Besinnung, zur Reue, zum Vorsatz für die Zurückstellung des seinen Edlen Geraubten kommen. Die Nebenpersonen sind nach den Daten geschildert, welche die Geschichte aufbewahrte, und wenn Einer von ihnen im Schatten steht, so kann dieß keinen Bezug auf die Nation haben, zu der er gehört. Herzerhebend und ganz geschichtlich ist die Schilderung des Kaisers Rudolphs, als des gerechten, weisen, klugen, thätigen, festen, einfachen und schlichten auch nach der Erhebung auf den Kaiserthron, auf dem er so bald der allgemeine Wohlthäter so vieler Völker, von ganz Deutschland und hierdurch auch von Böhmen wurde. (zitiert nach Pörnbacher, 1970, S. 76f.)

In wieweit diese Argumentation faktographisch kompetent ist, wäre eine weitgehende Aufgabe für eine historiographische Analyse, die den geschichtlichen Kenntnisstand der Zeit einbeziehen müsste[33]. Für unser Thema ist jedoch ausschlaggebend, dass solche Diskussion schon vor der Aufführung des Stückes angefangen hat, denn in diesem Falle zeigten sich die Vorbehalte der Zensur, insbesondere im Falle der Reaktion der Böhmen als völlig berechtigt. Das stiftet allerdings keine Rechtfertigung dafür, dass das umstrittene Theaterstück verboten sein sollte, so war jedoch die damalige österreichische Zensur angestellt. Die entscheidende Rolle spielte damals vor allem die Person des Polizeipräsidenten, des Graphen Sedlnitzky, der bekanntlich aus einem alten böhmischen Geschlecht stammte. Auf diese Tatsache kann sich die flüchtige Bemerkung in Stiffts Gutachten des Trauerspiels beziehen:

In der Note der geh. Staatskanzley wird gar kein eigentlicher Grund angegeben, welcher das Stück unzulässig machen soll; daher dagegen nichts zu erinnern ist. Überdieß ist es Eu. M. a[llerhöchst]*bekannt, in welchen Händen das Censur-Wesen bey der Staatskanzley sey.* (zitiert nach Pörnbacher, 1970, S. 77)

Es ist zwar nur eine Hypothese, dass eben die böhmische Abstammung Sedlnitzkys bei seiner Entscheidung über Grillparzers *König Ottokar* eine Rolle spielte. Diese Hypothese bekräftigt jedoch weiter noch eine Bemerkung Grillparzers, dass „sich die Stimmung der Böhmen" nach der Uraufführung „nicht ohne Aufhetzerei erzeugte" und beschuldigt dabei den Staatskanzlei-Rat Franz Josef Freiherrn von Bretfeld-Chlumczansky, der ebenfalls böhmischer Herkunft

---

[33] Um solche Analyse bemühte sich bereits Alfred Klaar in seinem Werk *König Ottokars Glück und Ende: eine Untersuchung über die Quellen der Grillparzer'schen Tragödie*, Leipzig: G. Freytag, 1885 oder Ferdinand Seibt: *König Ottokars Glück und Ende – Dichtung und Wirklichkeit.* In: *Probleme der böhmischen Geschichte. Vorträge der wissenschaftlichen Tagung des Collegium Carolinum in Stuttgart vom 29. bis 31. Mai 1963.* München 1964, S. 7 – 9. In der neusten Forschung gibt es die tschechische Monographie von Václava Kofránková: *26. 8. 1278 – Moravské pole: Poslední boj Zlatého krále*, Praha: Havran 2006, wo die historische Realität mit verschiedenen historisch-literarischen Quellen über Přemysl Otakar II. verglichen wird.

war[34] und „der wohl auch seinen Anteil an den ursprünglichen Zensurhindernissen beigesteuert hatte" (Grillparzer, 1924, S. 250f).

Die Hindernisse der Zensur erklärten sich letztendlich sehr prosaisch, falls man die in Grillparzers *Selbstbiographie* geschilderte „Zensuranekdote" für glaubwürdig hält: Nach ein paar Jahren reiste Grillparzer in einem Wagen mit „einem Hofrat der Zensurhofstelle", die Rede kam auf den *König Ottokar*. Auf Grillparzers direkte Frage, was habe der Zensor an dem Stück Gefährliches gefunden, versetzte dieser: „Gar nichts, [...] aber ich dachte mir: man kann doch nicht wissen –!"(Grillparzer, 1924, S. 253)

Jedenfalls reichte Grillparzers Verleger Wallishausser[35] im April 1824 mit Erfolg das Stück zur Erteilung der Druckbewilligung. Die Staatskanzlei vermutete, dass „die bloße Durchlesung" dieses „mit sehr grellen Farben entworfenen" Theaterstückes nicht so einen „tiefen und bleibenden Eindruck" hervorruft wie eine Vorstellung desselben, denn das „lesende Publikum" sei viel kleiner und in der Geschichte gebildeter als das schaulustige Publikum Wiens (Pörnbacher, 1970, S. 78f).

Erst Ende Dezember desselben Jahres habe Kaiser die mündliche Erlaubnis auch für eine Aufführung mit Verpflichtung zu nochmaliger genauer Durchsicht gegeben (Pörnbacher, 1970, S. 79). Die folgenden Streichungen vermieden die Namen der Nationen zu nennen, so wurde „Ungarn" in „Feind" umgewandelt, „Bayern" und „Böhmen" soweit wie möglich gestrichen (Pörnbacher, 1970, S. 80).

Sedlnitzky wollte die Verantwortung für die Bewilligung des Stückes anscheinend nicht übernehmen und wandte sich daher am 16. Februar 1825 an den Kaiser um sich seine schriftliche Willensmeinung zu erbitten, zwei Tage später bekam er folgende schlichtw Antwort:

Ich habe die Aufführung des in der Anlage zurückfolgenden Trauerspiels mit den in selbem erforderlichen Abänderungen gestattet. Franz (zitiert nach Pörnbacher, 1970, S. 81)

---

[34] **Franz Joseph Thomas Ritter und Edler Herr von Bretfeld**, ab 1807 **Freiherr von Bretfeld zu Cronenburg**, ab 1833 **Freiherr von Bretfeld-Chlumczansky zu Cronenburg**, auch **Josef Chlumczansky von Bretfeld** genannt (* 1777 in Prag; † 1839 in Wien) böhmischer Jurist, Historiker, Genealoge und Schriftsteller (Procházka, 1973, S. 51).

[35] **Wallishausser, Johann Baptist** (II) entstammte einer alten Buchhändler- und Buchdruckerfamilie; die Firma reicht bis auf das Jahr 1782 zurück, in welchem Jahre ein *Johann Baptist Wallishausser* (I) aus Hohenzollern-Hechingen in Wien ein Antiquariat gründete. 1788 etablierte er am Kohlmarkt eine Buchhandlung, die bald als Spezialität einen umfassenden Verlag theatralischer Werke schuf. Grillparzers, Th. Körners, Ifflands und Kotzebues Werke erschienen bei Wallishausser und die gesamte Wiener Lokalmuse von Nestroy an bis zu Elmar, Berg u.a. ging aus demselben Verlag hervor, der durch diese Publikationen mit dem Kulturleben des älteren Wiens aufs engste verknüpft erscheint (Schmidt, 1908, S. 1020).

Dieses Drama hatte Probleme mit der Zensur nicht nur in Wien. Anfang März 1826 wurde es zur Begutachtung ebenfalls der Brünner Zensur vorgelegt. Die Zensoren haben es nach zwei geringen Veränderungen bewilligt. Während dessen traf jedoch aus Wien eine Liste der zum 1. Januar 1825 verbotenen Schauspiele ein, wo Grillparzers *König Ottokar* noch stand. Die Tragödie bekam die Bewilligung daher nicht. Erst nach der Berichtigung der Liste wurde das Schauspiel zugelassen, diesmal aber mit wesentlichen Veränderungen an fünfundfünfzig Stellen im Text, die den Sinn der Sätze oft völlig änderten und den Inhalt damit verzeichneten. Außerdem wurden auch ganze Passagen durchgestrichen. Das Trauerspiel wurde endlich am 1. Juni 1827 genehmigt und gleich am 18. Juni desselben Jahres in Brünn aufgeführt (Uhlíř, 2003, S. 794f).

2.6 Reaktion der Böhmen in Wien

Die Uraufführung fand am 19. Februar 1825 im Wiener Hoftheater statt. Die große Menge der Zuschauer schreibt Grillparzer eher dem „Gerücht" zu, „dass das Stück von der Zensur verboten gewesen sei, was dem Publikum die Aussicht auf einen allfälligen Skandal eröffnete" (Grillparzer, 1924, S. 249). Über die Reaktion des Publikums schreibt Grillparzer in seiner *Selbstbiographie*:

Es wurde ungeheuer viel geklatscht, oder vielmehr, da das Gedränge das Klatschen unmöglich machte, gejubelt und gestampft, aber ich merkte wohl, dass der Eindruck nicht lebendig ins Innere gedrungen war. Der Beifall erhielt sich bei allen Wiederholungen, dem ungeachtet war es als ob das Stück durchgefallen wäre, wenigstens wichen mir alle Freunde und Bekannten aus, als ob sie ein Gespräch über das neueste theatralische Ereignis gefürchtet hätten. (Grillparzer, 1924, S. 250)

Daraus lässt sich schließen, wie sowohl das Thema als auch Grillparzers Bearbeitung desselben von den damaligen gebildeten Zuschauern aus Grillparzers Umgebung als kompliziert und problematisch empfunden wurden und sie reagierten daher sehr verlegen. Trotzdem war die Kritik voll von Respekt und stellte sich eher positiv. Die Befürchtungen der Zensur über die nationalen Reibungen begannen sich jedoch zu bewahrheiten. Einer der negativen kritischen Stimmen, der darauf aufmerksam machte, war der Wiener Journalist Ebersberg[36], der unter anderem behauptete, dass der Dichter besser getan hätte, wenn er „manche harte Aeußerung über die mit Oesterreich vereinigten Nationen" vermieden hätte, „besonders sei das herrliche Böhmen mitgenommen" (Glossy, 1899, S. 241f). Für diese Kritik

---

[36] **Josef Sigmund Ebersberg** (1799 – 1854) Jugendschriftsteller und Journalist, Erzieher und Sekretär in Adelshäusern, gründete 1824 die Jugendzeitschrift *Die Freistunden*, die er zu hohem Ansehen führte (ÖBL 1, 1957, S. 209).

verdiente er von Glossy die Beschuldigung, dass er seine Feder in Dienst der Zensur gestellt habe.

Von Seiten der Wiener Böhmen erhob sich eine Welle der Missstimmung gegen Grillparzer, die er sich folgendermaßen erklärte:

Was bei den übrigen heimlich rumorte, sprachen in höchster Entrüstung die in Wien lebenden Böhmen aus. Die tschechische Nation ist gewohnt den König Ottokar als den Glanzpunkt ihrer Geschichte zu betrachten. Darin haben sie ganz recht, wenn sie ihm aber durchaus löbliche Eigenschaften zuteilen, so widerlegt sie schon der Umstand, dass seine neuen Untertanen sich gegen ihn gewendet und seine alten ihn verlassen haben. (Grillparzer, 1924, S. 250)

„Die nationelle Aufregung, die von böhmischen Studenten in Wien ausging", habe sich auch nach Prag fortgesetzt. Grillparzer beschwert sich in der *Selbstbiographie* „von dort anonyme Drohbriefe", bekommen zu haben, die voll von Grobheiten waren und ihm „mit Hölle als Strafe" für seine „teuflischen Verleumdungen" drohten (Grillparzer, 1924, S. 251). Dies bezeugt auch die österreichische Schriftstellerin Karoline Pichler[37], die jedoch zugleich den Nationalstolz der Böhmen bewundert:

In Prag erklärte man sich sehr gegen das Stück. Die untergeordnete Rolle, welche der wilde, gewaltsame Ottokar, den sein Ehrgeiz und ein böses Weib rücksichtslos forttreiben, neben dem würdigen, ruhigen, weisen Rudolf spielt [...] – alles dies reizte und verletzte den Nationalstolz der Böhmen. Und wenn ich schon sagen muß, daß dies die Nationaleitelkeit gegenüber einem trefflichen Werke [...] zu weit treiben heißt, [...] so muß ich doch diesen Zug an einer Nation ehren, und von Herzen wünschen, daß meine gute Landsleute, die Österreicher, etwas von dieser Verletzbarkeit fühlten, und nicht allein geduldig, sondern sogar beifällig die Spöttereien und geringschätzigen Urteile Fremder über sich fürder nicht mehr anhören möchten. (zitiert nach Höhne, 2008, S. 44)

Grillparzer wurde sogar von seinen Freunden davor gewarnt, sich während seiner Deutschlandsreise im Herbst 1825 in Prag aufzuhalten. Er ließ sich jedoch davon nicht abraten und konstatierte dann in der *Selbstbiographie* aus dem Jahre 1853, dass er „während eines dreitätigen Aufenthaltes wohl schiefe Gesichter gesehen, aber sonst nichts Unangenehmes" erfahren habe (Grillparzer, 1924, S. 251).

Grillparzer fasste „diese Übertreibungen" als Missverständnis auf, dass er ohne Absicht veranlasst und tat es ihm sehr Leid, dass sich „ein ehrenwerter [...] Volksstamm seine harmlose Arbeit zu einer Verunglimpfung und Beleidigung formuliere" (Grillparzer, 1924, S. 251f). Die Ursache sieht er eben darin, dass Österreich „in seinem Länderkomplex zwei der eitelsten Nationen dieser Erde einschließt, die Böhmen nämlich und die Ungarn" (Grillparzer, 1924, S. 252).

---

[37] **Karoline Pichler** (1769 – 1843) österr. Schriftstellerin, historische Romane (*Die Schweden in Prag* – 1827), und Dramen, Balladen, Operntext *Rudolf von Habsburg* (ADB 26, 1888, S. 106ff).

Die folgende retrospektive Aussage Grillparzers aus seiner *Selbstbiographie* drückt seine Meinung über die Völker und deren Emanzipationsstreben im Rahmen der Habsburgischen Monarchie im Vormärz aus und enthüllt vielleicht auch einige seiner Beweggründe in der Art und Weise, wie er seinen König Ottokar verfasst hatte:

Damals [nach der Uraufführung des *König Ottokars*] *schlummerte diese Eitelkeit noch und war in dem Streben nach einer allgemeinen Bildung eingehüllt, als aber in der Folge die deutsche Literatur die Nationalitäten hervorhob, wobei sie aber nicht die Deutschen zur Wahrung ihres Nationalcharakters ermuntern, sondern ihnen einen ganz neuen Charakter anbilden, sie aus einem ruhigen, verständigen, bescheidenen und pflichttreuen Volke zu Feuerfressern und Weltverschlingern machen wollte, da übersetzten Tschechen und Magyaren die deutsche Albernheit unmittelbar ins Böhmische und Ungrische, dünkten sich originell in der Nachahmung und erzeugten jene Ideenverwirrung, die im Jahre 1848 sich so blutig Bahn gebrochen hat. Sie vergaßen dabei, alle andere abgerechnet, dass ein Volksstamm kein Volk, so wie ein Idiom oder Dialekt keine Sprache ist, und wer nicht allein stehen kann, sich anschließen muss.* (Grillparzer, 1924, S. 252)

Aus dieser Aussage wird klar, dass Grillparzer sowohl die Böhmen als auch die Ungarn nicht als selbständige vollberechtigte Nationen empfand, die das Recht gehabt hätten, ihre Sprache und Kultur unabhängig von der österreichischen bzw. der deutschen fortzuentwickeln.

Diese Ansicht bekräftigte er erneut in seinen Erinnerungen an das Jahr 1848, wo er die Bestrebungen des Grafen Thun[38] beschreibt:

So hat er früher schon in einer böhmisch geschriebenen Broschüre die tschechische Nationalität in Schutz genommen, welche Nationalität nur den Fehler hat, dass sie keine ist, so wie die Tschechen keine Nation sind, sondern ein Volksstamm und ihre Sprache nicht mehr und nicht weniger als ein Dialekt. (Grillparzer, 1925, S. 49)

Im Jahre 1849 prägte Grillparzer die prophetischen und zugleich für das Bildungsideal der Aufklärung vernichtenden Worte:

Der Weg der neuern Bildung geht
Von Humanität
Durch Nationalität
Zur Bestialität.
(Grillparzer, 1960, S. 500)

Ohne Begeisterung hätte man folgendes Epigramm über den Reichstag in Kremsier vom Februar 1849 aufgenommen:

---

[38] **Graf Leo von Thun** (1811 – 1888) wurde in der Revolution 1848 in Prag Landesverweser u. Gubernialpräsident der provisorischen Regierung, diesen Posten verlor er nach der Einnahme Prags durch Windischgrätz, 28. Juni 1849 erhielt das Portefeuille des Kultus u. öffentlichen Unterrichts, das er in Folge der Einführung der Konstitution im Octbr. 1860 abgab. Als Kultusminister hat er sich sehr um das Unterrichtswesen in Österreich verdient gemacht; unter ihm wurde auch das Konkordat 1855 abgeschlossen. Er schr. u.a.: Über den gegenwärtigen Zustand der Böhmischen Literatur, Prag 1842; Über die Stellung der Slowaken in Ungarn, ebd. 1843. (Pierer's 17, 1863, S. 558)

»Die Böhmen sind die besten weit
In unsers Landtags Meinungsstreit«,
Das heißt – mir tuts zu sagen leid –
Die böhmische Mittelmäßigkeit
Ist wenigstens Erträglichkeit
In all der andern Erbärmlichkeit.
(Grillparzer, 1960, S. 498)

Ende 1849 verfasste Grillparzer einen Aufsatz über František Palacký, wo er vor den politisch nicht existenzfähigen Volksstämmen warnt[39]. Ein Jahr vor seinem Tod, kommentierte Grillparzer mit Befürchtungen die Verhandlungen über den Österreichisch-böhmischen Ausgleich im Epigramm *1871:*

Marchfeld! so ist dein Sieg nicht wahr
Aus unsrer Urväter frühsten Tagen.
König Przemisl Ottokar
Hat den Rudolf von Habsburg geschlagen.
(Grillparzer, 1960, S. 592)

Aufgrund dieser Aussagen kann dann Grillparzers *König Ottokar* als eine fundamentale Kritik an den politischen Bestrebungen der Tschechen gelesen werden und er wurde tatsächlich von den meisten Tschechen auch so empfunden.

2.7 Besuch in Prag

Der letzte Besuch im Königreich Böhmen verlief während seiner Reise nach Deutschland, die Grillparzer am 21. August 1826 eintrat, mehr als ein Jahr nach der Uraufführung des *König Ottokars*, die ihm so große Enttäuschung bereitete. Er plante diese Reise als Heilmittel seiner Verstimmung, der damit verbundenen Schaffenskrise und der „Herzensangelegenheiten" (Grillparzer, 1924, S. 254). Bereits am 23. August kam er über Znaim und Iglau in Prag an:

In Prag genoß ich die verkörperten historischen Erinnerungen der herrlichen Stadt, und vorbereitete Stoffe aus der böhmischen Geschichte gingen auffordernd durch meinen Sinn. (Grillparzer, 1924, S. 255)

---

[39] Grillparzers Aussagen über Palacký und über die tschechische Nationalbewegung vgl. Franz Grillparzer (1930): *Professor Palacky. Ende 1849.* – In: *Sämtliche Werke. Historisch-kritische Gesamtausgabe.* Hrsg. Von August Sauer, fortgeführt von Reinhold Backmann. 1. Abt., Band 13: *Prosaschriften I. Erzählungen, Satiren in Prosa, Aufsätze für Zeitgeschichte und Politik.* Wien: Anton Schroll, 217 – 219. verfügbar aus http://www.literature.at/viewer.alo?objid=408&viewmode=fullscreen&scale=3.33&page=233

Das Vorhaben, den böhmischen Stoff wieder aufzuarbeiten, drückte er auch im Brief an seine Verlobte Katharina Fröhlich während seiner Deutschlandreise aus[40], diesmal in einem heiteren, beinahe nachsichtigen Ton:

Ich war mit der Stadt Prag so zufrieden, daß die Einwohner darüber einigermassen Gnade vor meinen Augen gefunden haben. Ich will ein Lobgedicht auf die Böhmen schreiben und dann sagen, man thue Ihnen Unrecht, sie Böhmen zu heißen. (Grillparzer, 1913, S. 336)

Ein schneller Meinungswechsel, wenn man Grillparzers Brief an „Kathi" nach Prag aus dem 4. Juni desselben Jahres in Rechnung zieht:

Lassen Sie sich Prag nicht allzugut gefallen! Ich lieb die Stadt nicht zu sehr, und fürchte überdieß, Sie möchten von dort etwa einen Haß gegen Ottokar und seinen Verfasser mitbringen. (Grillparzer, 1913, S. 328)

Obwohl diese Warnung wohl halb scherzhaft gemeint war, trotzdem spürt man, wie tief sich Grillparzer von der böhmischen Reaktion auf den *König Ottokar* verletzt fühlte. Die Bitterkeit sollte jedoch bald zumindest für einige Zeit aufgelöst werden.

Die eigenen unmittelbaren Eindrücke aus Prag hat er in seinem *Tagebuch auf der Reise nach Deutschland* unter dem 23. August beschrieben:

Ich kam mit einer Art Vorurteil gegen Prag hier an. Das wahrhaft läppische Mißverstehen meines Ottokar, die lächerliche Wut, in welche der beschränkte Nationalsinn der hiesigen Einwohnerschaft über dieses unschuldig gemeinte Stück geriet, hatte mich höchst ungünstig vorbereitet. Demungeachtet aber konnte ich mich des grandiosen Eindruckes nicht erwehren, den diese Stadt auf jeden Beschauenden machen muß. (Grillparzer, 1916, S. 223)

Grillparzer bewunderte die Stadt Prag völlig rückhaltlos; Ihre Lage in der Landschaft, die Architektur. Es erinnerte ihn sogar an die italienischen Architekturperlen wie Venedig und Florenz. Es gibt noch eine erwähnenswerte Bemerkung in dieser Schilderung Prags, die Moldau betrifft:

[...] dieser ärmliche Fluß dehnt sich hier zum breiten Strome aus, freilich ebenso seicht als er breit ist. Verhüte Gott, daß er je ein Symbol der Nationalbildung sei! (Grillparzer, 1916, S. 224)

Am nächsten Tag besuchte er Hradschin, das königliche Schloss gefiel ihm jedoch nicht und er zog ihm die Wiener Burg vor. Die Domkirche hatte ihn dagegen sehr eingenommen und er besah sich natürlich auch Otakars Grabmal, das er folgend beschrieb:

---

[40] Brief an Katharina Fröhlich, Dresden, 27. August 1826, Nr. verfügbar aus
http://www.literature.at/viewer.alo?objid=372&viewmode=fullscreen&scale=2&page=360

Die Figur verstümmelt, die Nase fort, kaum eine Physiognomie erkennbar. Der Körper tüchtig, nicht allzu groß. Ich habe den Mann aufrichtig um Verzeihung gebeten, wenn ich ihm irgend worin unrecht gethan haben sollte. Übrigens zeichnet sein Grab nichts aus und er liegt ununterschieden unter den Spitigneven und anderen Tröpfen, vor denen er so ausgezeichnet war. (Grillparzer, 1916, S. 225)

Grillparzer erwähnt in seinem *Tagebuch*, dass die Domkirche „übervoll" von Andachtsbildern des heiligen Wenzels und seines Bruders Boleslav ist und wundert sich, das es in Prag „kaum eine Spur von Rudolf II. zu finden" ist, denn er muss doch „für Prag so viel gethan haben. Das königliche Schloß trägt seines Bruders Matthias Namen an der Stirne. Hat es denn nicht schon Rudolf bewohnt? Der stille Kaiser Rudolf." (Grillparzer, 1916, S. 225)

Dieser erste und zugleich letzte Besuch in Prag veränderte Grillparzers ungünstigen und verhängnisvollen Eindruck von Böhmen, wie er es selbst zum Schluss seiner Prager-Eintragung im Tagebuch erwähnt:

Diese Stadt hat mich einigermaßen mit der böhmischen Nation ausgesöhnt, die ich nie habe leiden mögen. Eigentlich sollte man über kein Volk aburteilen, bevor man es in seiner Heimat gesehen. […] Gewisse Eigenschaften bedürfen gewisser Unterlagen und Umgebungen, außer dem Zusammenhange wird das Konsequenteste absurd. (Grillparzer, 1916, S. 226)

3. König Otakar /Ottokar von Uffo Horn

3.1 Charakteristik der Entstehungszeit

Die *Tragödie in fünf Akten und einem Vorspiele König Otakar*[41] von Uffo Horn erschien zum ersten Mal 1845, sie war jedoch nach Loužil[42] bereits um die Jahreswende 1837/38 im Wesentlichen fertig.

Zu dieser Zeit erlebte Böhmen eine weitgehende Erneuerung des nationalen Selbstbewusstseins, das sich bereits Ende des 18. Jahrhunderts als Reaktion auf den Wiener Zentralismus entwickelte. Diese anwachsende Nationalbewegung orientierte sich zuerst auf die tschechische Sprache und auf die altböhmischen Traditionen und manifestierte sich im Aufblühen der tschechischen Literatur. Der nationale Konflikt zwischen Tschechen und Deutschen war um 1800 allerdings noch weitgehend verdeckt. Vorherrschend war ein böhmischer und gesamtösterreichischer Landespatriotismus, der sogenannte Bohemismus, wie ihn der Prager Gelehrte Bernard Bolzano vertrat, der das friedliche Zusammenleben der beiden „Stämme Böhmens" leidenschaftlich beschwor (Bahlcke, 2003, S. 64f).

Steffen Höhne definiert Bohemismus als „ein Integrationsmodell für die Böhmischen Länder, welches die nationalen Interessen und Divergenzen zwischen Tschechen und Deutschen zugunsten eines übernationalen Landespatriotismus aufzulösen sucht und dabei von einer prinzipiellen Gleichheit im Sinne einer allgemeinen, auch sprachlichen Gleichberechtigung der Böhmen ‚slawischen wie deutschen Stammes' ausgeht" (Höhne, 2003, S. 625). Im Lichte der kultur-politischen Entwicklung nach 1848 zeigte sich allerdings dieses Modell des Zusammenlebens als ein „utopischer und zusehends anachronistisch werdender Ansatz" (Höhne, 2003, S. 626).

Im Rahmen dieses intellektuellen Konzeptes wurden trotzdem einige nachhaltige Projekte ins Leben gerufen, wie die Gründung des Böhmischen Vaterländischen Museums (Höhne, 2003, S. 628) oder der Gesellschaft „Matice česká". In der tschechischen sowie in der deutschen Literatur in Böhmen entstanden literarische Bearbeitungen der böhmischen Geschichte, z. B. Karl Egon Eberts[43] Drama *Bretislaw und Jutta* (1828) und Nationalepos *Wlasta* (1829). Einen

---

[41] Weiter auf *König Otakar* verkürzt.
[42] Loužil, 1969, S. 194 und Hansgirg, 1849, S.403 (verfügbar aus
http://kramerius.nkp.cz/kramerius/ontheflypdf_MGetPdf?app=10&id=6320&start=406&end=406.
[43] **Karl Egon Ebert** (1801 – 1882) deutschböhmischer Dichter, begann mit einer Reihe von Dramen, von denen mehrere in Prag aufgeführt wurden, aber zunächst nur das Drama *Bretislaw und Jutta* (Prag 1835) im Druck erschien. Bedeutender war E. als Lyriker und Balladendichter in den *Gedichten* (1828), ohne sich aber zu

Höhepunkt erreichte das bohemistische Denken im beginnenden Vormärz, ab 1837 gab Rudolf Glaser die Zeitschrift *Ost und West* heraus und ab 1842 Paul Alois Klar[44] das Jahrbuch *Libussa*, an dem sich Uffo Horn seit dem ersten Jahrgang maßgeblich beteiligte. Beide Periodika ermöglichten und vermittelten Kontakt der tschechischen und deutschen Autoren (Höhne, 2003, S. 631).

Nach Höhne lässt sich in den 40er Jahren sogar „von der Mode sprechen, ,böhmisch zu dichten'" und „die Beschwörung der historisch-heroischen Vergangenheit Prags und Böhmens wird zum Alternativmodell gegenüber dem erwachenden tschechischen Nationalismus" (Höhne, 2003, S. 632). Anfang März stand die Revolution 1848/49 noch unter dem bezeichnenden Motto ,Tscheche und Deutscher – ein Leib', so äußerte sich Josef Václav Frič in der ersten Wenzelsbadversammlung, da die Forderungen der Revolutionäre zunächst weniger national als vielmehr demokratisch und sozialrevolutionär geprägt waren. Bald führten jedoch die divergierenden Interessen zu offenen Konflikten. Die Zeit nach 1848/49 ist durch einen fortschreitenden Prozess wechselseitiger Abgrenzung gekennzeichnet (Höhne, 2003, S. 634f). Dieser Stimmungswechsel in der böhmischen Gesellschaft lässt sich eben in Horns Meinungsentwicklung sehr anschaulich verfolgen.

3.2 Uffo Horn – Abstammung und erste Einflüsse

Uffo Daniel Horn gehört zu den bedeutendsten deutschböhmischen Schriftstellern des 19. Jahrhunderts, obwohl sein Werk heute bereits eher unbekannt geworden ist. Er wurde 1817 in ostböhmischer Königsstadt Trautenau[45] geboren, in demselben Jahr, als Grillparzer mit seiner *Ahnfrau* auf der Wiener Bühne debütierte.

Horns Großvater sei einer schwedischen, nach Polen ausgewanderten Adelsfamilie entstammt und habe eine „fanatische" Polin geheiratet, die „eine wütende Gegnerin von allem war, was deutsch hieß". Uffo Horns Vater Ferdinand wäre „infolge der Erziehung durch die polnische Mutter und infolge des Einflusses der Umgebung, in der er aufwuchs, von einer glühenden Liebe zu seinem polnischen Vaterlande erfüllt" (Jelinek, 1909, S. 463). Ferdinand studierte in

---

kraftvoller Selbständigkeit durchringen zu können. Sein großes böhmischnationales Heldengedicht *Wlasta* (Prag 1829) leidet an rhetorischen Allgemeinheiten (Meyers 5, 1906, S. 343).

[44] **Paul Alois Klar** (1801 – 1860) Verwaltungsbeamter, Filantrop und Schriftsteller, erweiterte bedeutend die von seinem Vater Alois Klar gegründete Blindenanstalt, für die er in Prag ein neues Gebäude errichten ließ, 1842 – 60 Herausgeber des deutschenböhmischen Almanachs *Libussa*, für den er selbst Beiträge über Denkwürdigkeiten der Kunst und Geschichte Böhmens schrieb (ÖBL 3, 1961, S. 369f).

[45] Tschechisch Trutnov, am Fuße des Riesengebirges, wurde spätestens seit 1264 von deutschen Kolonisten besiedelt, 1340 zur Stadt und 1436 zur königlichen Leibgedingstadt erhoben (Meyers 19, 1909, S. 681), bis 1945 von deutscher Mehrheit bewohnt.

Lemberg[46], kämpfte kurz unter Napoleon und letztendlich enttäuscht gegen ihn in Diensten des österreichischen Kaisers. 1815 erhielt er für seine Verdienste einen Tabakhauptverlag in Trautenau und heiratete ein Jahr später auch eine Slawin, die Tschechin Maria Berka aus Blatten (tschech. Blatná).

Als begabtes Kind wurde Uffo Horn bereits im Alter von sieben Jahren in das berühmte Prager Kleinseitner Gymnasium geschickt, wo er dem Professoren Wenzel Alois Svoboda[47] begegnete. Dieser „frühzeitigste nationale Enthusiast der czechischen Propaganda" beeinflusste den jungen Dichter maßgeblich. Svoboda habe seine dichtenden Studenten auf die „czechisch patriotischen Stoffen" angehalten (Hansgirg, 1877, S. 69). Im Jahre 1831 schrieb sich Horn an der Karlsuniversität ein, wo er zwei Jahre Philosophie und drei Jahre Rechtswissenschaft studierte. Den letzten Jahrgang 1836/37 absolvierte er in Wien.

3.3 Vorgeschichte

Uffo Horn begann seine dramatische Laufbahn am 3. Juli 1835 im Ständetheater, als er für die *Szenischen Fragmente aus Goethes's Faust* den Prolog und Epilog verfasste. Vier Monate später wurde ebenda sein erstes selbständiges Drama *Horimir* uraufgeführt, in dem er eine berühmte Prager Sage bearbeitete. Es wurde jedoch von der Kritik negativ bewertet. Im folgenden Jahr verfasste Horn zusammen mit Wolfgang Adolf Gerle[48] zwei Lustspiele *Die Vormundschaft* und *Der Naturmensch*, die beide auch in Prag inszeniert wurden. *Die Vormundschaft* bekam sogar 1836 den sog. Cotta-Preis bekommen und wurde auch in Wien und Stuttgart aufgeführt.

Während des Studienjahres in Wien schrieb Horn den Einakter *Camoens*. Die Stücke *Molière*, *Der Rabbi von Prag* scheiterten in Wien an der Zensur und *Benvenuto Cellini* hat Horn selbst vernichtet. Das Lustspiel *Molière* wurde Ende dreißiger Jahre in Stuttgart uraufgeführt, das Drama *Der Rabbi von Prag* arbeitete er in eine Novelle um. Da ihm die Zensur am literarischen Schaffen hinderte wandte sich Horn seit dem Jahr 1838 den Reisen nach Italien, Hamburg, Leipzig und Dresden zu, wo er auch freier schreiben konnte. 1841 kehrte er zurück

---

[46] Tschech. Lvov, die siebtgrößte Stadt der Ukraine und größte Stadt der historischen Landschaft Galizien.
[47] **Wenzel Alois Svoboda** (1781 – 1849) geb. zu Nawarow in Böhmen, böhmischer u. deutscher Dichter, Professor am Kleinseitner Gymnasium in Prag; schrieb Theorie der Tonkunst, Harmonielehre, übersetzte Senecas Trauerspiele und die von Hanka entdeckte Königinhofer Handschrift (Pierer's 17, 1863, S. 126).
[48] **Wolfgang Adolf Gerle** (1781 – 1846 Selbstmord) deutschböhmischer Dichter und Schriftsteller, Buchhalter, Journalist, Förderer junger böhm. Dichter (M. Hartmann, U. Horn, A. Meissner), 1810-20 redigierte die *Prager Zeitung*, Professor der italienischen Sprache am Prager Konservatorium (ÖBL 1, 1957, S. 426f).

nach Prag, wo er regelmäßig im Prager deutschen Unterhaltungsblatt *Bohemia* und im Almanach *Libussa* Beiträge veröffentlichte.

Im dritten Jahrgang des Almanachs *Libussa*[49] druckte Horn das Vorspiel zu seinem Drama *König Otakar* unter dem Titel *Die drei Fürsten.* Nach der Rückkehr aus der zweiten Italienreise 1845 bereitete Horn das vollendete Trauerspiel *König Otakar* mit Hilfe Klars zur Herausgabe im Prager Artistisch-typographischen Institute von C. W. Medau und Comp. (Wurzbach, 1903, 224f).

Dieses Drama erregte eine ungewöhnliche Aufmerksamkeit, was jedoch weniger seiner poetischen Vollendung, als seiner politischen Tendenz zuzuschreiben wäre (Wurzbach, 1903, S. 225). Die Tatsache, dass dieses Trauerspiel bis ins Jahr 1859 in insgesamt vier Auflagen erschien, bezeugt, dass es sich um einen Erfolg handelte, der sogar Grillparzers *Ahnfrau* in der Zahl von Auflagen zu der Zeit überholte (Wurzbach, 1903, S. 225). Dieses Drama wurde vor allem von den tschechischen Intellektuellen als Gegenentwurf zu dem als anti-böhmisch interpretierten Drama *König Ottokars Glück und Ende* von Franz Grillparzer verstanden.

Obwohl Horn dieses historische Trauerspiel der „Rath und Bürgerschaft der königlichen Hauptstadt Prag in Ehren und Treuen gewidmet"[50] hat, wurde es in Prag in der Originalsprache nie aufgeführt. Die Uraufführung im Deutschen fand 1858 in Linz statt, die letzte Auflage folgte ein Jahr später. Erst acht Jahre nach seinem Tod wurde es in Prag in der tschechischen Übersetzung von Eduard Just gespielt.

3.4 Horns Engagement für deutsch-tschechische Beziehungen
3.4.1 Vormärz

Die Entstehung des Trauerspiels *König Otakar*, dessen Wirkung und Reaktionen des tschechischen Publikums ganz bestimmt von Horns Engagement in deutsch-böhmischen Beziehungen beeinflusst wurde, fällt in die Zeit der 40er Jahre des 19. Jahrhunderts. Es ist die Zeit der wachsenden Unzufriedenheit in der europäischen Gesellschaft, deren politische Wirkung durch Restauration verdrängt wurde. Es entwickelte sich allmählich eine starke

---

[49] *Die drei Fürsten. Vorspiel zur der Tragödie „König Otakar" von Uffo Horn* In: Libussa, 1844: Jg. 3, S. 173-184, verfügbar aus
http://kramerius.nkp.cz/kramerius/ontheflypdf_MGetPdf?app=10&id=6315&start=178&end=189.
[50] Siehe Widmung zu *König Ottokar*
http://kramerius.nkp.cz/kramerius/ontheflypdf_MGetPdf?app=9&id=14564&start=5&end=5

Widerstandsbewegung in fast ganz Europa, die sowohl demokratische als auch nationale Ziele verfolgte. Böhmen blieb dabei nicht am Rande des Geschehens.

Wie fast jeder Böhme, kam auch Uffo Horn von seiner Geburt in Trautenau an mit tschechischer Sprache und in den Schuljahren in Prag auch mit tschechischer Kultur und Literatur in Berührung. Er neigte zu diesem Interesse im Vergleich mit einigen seiner deutschböhmischen Zeitgenossen viel mehr, sei es wegen seiner tschechischen Mutter oder einfach wegen einer besonderen Vorliebe für tschechische Literatur und Geschichte.

Neben dem Studium beteiligte sich Horn aktiv am künstlerischen Leben in Prag und er interessierte sich auch für Politik. Er wurde in die allgemeine deutsche Burschenschaft aufgenommen (Hansgirg, 1877, S. 77) und war in Berührung mit der Bewegung der polnischen Burschenschaften in Breslau (Loužil, 1959, S. 11).

Unter diesem Einfluss gründete er in Prag einen geheimen deutsch-polnischen politischen Klub, der in kurzer Zeit wieder erlosch (Loužil, 1959, S. 11). Anfang 1838 debattierte er mit den jungen Liberalen F. L. Rieger, F. Zach und C. Kampelík und versuchte dann eine geheime politische Gesellschaft zu gründen mit dem Ziel, eine politische Partei in dem liberalen westeuropäischen Geiste zu errichten. Nach Kampelík habe Horn behauptet, dass die Böhmen in Westeuropa völlig unbekannt sind, und dass er daher ins Ausland reisen möchte und fordert von den Tschechen Hilfe bei der Propaganda des böhmischen Namens im Westen. Dieser Vorschlag scheiterte jedoch an der Missbilligung der tschechischen Mitglieder im Kreise Horns (Pfaff, 1996, S. 40). Die polizeiliche Ermittlung machte schließlich dieser Aktivität ein Ende (Loužil, 1959, S. 11f). Horn reiste dann unter der Metternich'schen Überwachung tatsächlich nach Deutschland, wo er in Hamburg mit Vertretern des „Jungen Deutschlands" verkehrte und regelmäßig in den oppositionellen Blättern Beiträge veröffentlichte. In der Hälfte der 40er Jahre lernte er Ignaz Kuranda in Dresden kennen und schrieb auch für sein liberal-politisches Blatt *Die Grenzboten*, das ebenfalls nach Prag geschmuggelt wurde. In Prag bildete sich sogar unter den Vertretern der deutschen Bourgeoisie und des liberalen Adels eine besondere „Grenzbotenpartei" (Loužil, 1959, S. 12f).

3.4.2 März – Mai 1848

Horns politisches Engagement in deutsch-tschechischen Beziehungen erreichte während der Ereignisse in der Revolution 1848 seinen Höhe- und zugleich auch seinen Wendepunkt. Uffo

Horn schloss sich zusammen mit anderen Deutschböhmen wie Karl Egon Ebert, Moritz Hartmann oder Alfred Meißner zu jenem Kreis, der in der Anfangsphase der Revolution an die Einheit der Tschechen glaubte. Die tschechischen Liberalen und die radikalen Demokraten bemühten sich anfangs um Verständigung mit den Deutschböhmen. Der Dialog verlief vor allem mit liberal gestimmten deutschböhmischen Politikern wie Ebert, Kleibert und Horn, mit denen sie die Einheitsfront für Reorganisation des monarchistischen Staates verband (Červinka, 1965, S. 65).

Nachdem Horn die Nachricht über Februarrevolution 1848 in Paris erhielt, eilte er nach Prag, um sich dort an der Organisation der demokratischen Bewegung persönlich beteiligen zu können. Sobald er jedoch vor den Vertretern der „Grenzbotenpartei" das Wort Revolution aussprach, wandten sie sich alle von ihm empört ab (Loužil, 1959, S. 13). Enttäuscht kehrte er dann also zurück nach Dresden (Jelinek, 1909, S. 508).

Die Tschechen traten in der Revolution 1848 seit Anfang an viel entschiedener und zielstrebiger auf als die Deutschböhmen. Horn wandte sich daher in seinem demokratischen Enthusiasmus der Seite zu, die mehr Freisinn äußerte – zu den Tschechen. Dies bezeugen unter anderem Worte, die Horn selbst gesagt haben soll:

Ich kam in dies Land, in meine Heimat nicht als Deutscher oder als Tscheche, sondern nur, um an dem Freiheitskampfe teilzunehmen. Ich fand bei den Tschechen tatsächlich einen zielbewussten Willen und die Kraft zum Kampfe um diese Freiheit. Die tschechische Partei hat in der Tat alles das errungen, was wir hier nun besitzen. Ich habe mich ihr also angeschlossen und finde, daß für die Deutschen keine Ursache zu dem Misstrauen vorliegt, daß die Tschechen nur ihre Freiheit verteidigen und sich nicht scheuen werden, die Deutschen zu unterdrücken. (Krofta, 1924, S. 37f)

Horn kam nach Prag wieder nach dem 11. März, wo der St. Wenzels-Ausschuss ins Leben gerufen wurde. Nach Fričs Erinnerungen soll Horn selbst am 15. März 1848 in der Studentenversammlung in Prag erschienen sein, wo er der Formulierung von Petition der Studenten an den Kaiser beitrug (Frič, 1957, S. 380). Im Karolinum habe er dann alle Anwesenden durch seine hinreißende Rede begeistert (Frič, 1957, S. 382f). Der St. Wenzels-Ausschuss forderte die Studenten auf, vier Sprecher auszuwählen, die zusammen mit der bürgerlichen Deputation nach Wien fahren sollten. Die Philosophen wählten Uffo Horn (Frič, 1957, S. 388). Die Prager Studenten wollten Horn sogar an die Spitze der Prager Studentenlegion setzen, was jedoch nicht gelungen ist. Er wurde nämlich in den Augen der deutschböhmischen Kollegen wegen seiner übermäßigen Sympathie zu den Tschechen verdächtig und später durch eine ungeklärte Verleumdung aus Prag vertrieben (Frič, 1957, S. 402).

Am 22. März soll Horn als Mitglied der Deputation eine Rede[51] an der Wiener Universität gehalten haben, in der er sich an die deutschen Studenten gewandt hatte, um sie zu versichern, dass die lange unterdrückte Nation nur ihre freie Entwicklung begehre und weder die deutschen noch die anderen slawischen Brüder bedrängen möchte. Die anwesenden Slawen forderte er zur aufrichtigen Zusammenarbeit an der slawischen Idee im Wohlergehen des Fortschritts und der Freiheit. Diese Rede soll mit allgemeinem Jubel begleitet worden sein (Frič, 1957, S. 401).

Auf Grund der Inkonsequenz einiger beteiligten Deputanten wurden die böhmischen Forderungen nicht befriedigt, was Uffo Horn bei der Studentenversammlung am 27. März aufrichtig zugab und die Professoren als die Schuldigen bezeichnete. Er stellte sich bereit, eine neue Versammlung zusammenzurufen. Am nächsten Tag stellte der St. Wenzels-Ausschuss eine neue Petition zusammen, die auf der vorausgehenden beruhte und noch einige neue Punkte beinhaltete (Frič, 1957, S. 411f). Als Vertreter der Universität wurde Uffo Horn wiedergewählt (Frič, 1957, S. 414). Aus unklaren Gründen, wohl aber auf Drängen einiger anderer Deutschböhmen hatte er auf seine Aufgabe völlig resigniert (Frič, 1957, S. 416 u. 420f). Am 31. März habe Horn persönlich den damals 19jährigen Philosophiestudenten Josef Václav Frič, dessen Vater nur wegen einer Krankheit an der ersten Deputation nicht teilnehmen konnte, gebeten, ihn in der Deputation zu ersetzen, was Frič mit Zustimmung der Universität angenommen hatte (Frič, 1957, S. 419). Frič verdächtigte seinen Studienfreund Freiherr von Silberstein, der mit Horn in Anwesenheit von Frič ein heimliches Gespräch führte, denn seitdem soll Horn wesentlich nüchterner aufgetreten sein. In diesem Moment fängt Horns Schwanken an. Warum hatte er auf die Teilnahme an der zweiten Deputation verzichtet und ob Silberstein, der sein Gut in der Nachbarschaft von Trautenau besaß, eine Rolle spielte, bleibt bisher ungeklärt. Horns persönlicher Einsatz für die deutsch-tschechischen Beziehungen kühlte jedoch noch nicht völlig ab. Vielleicht hatte er nun geahnt, dass er in Prag viel nützlicher sein kann als in Wien, denn die Atmosphäre in Böhmen war angespannt.

Seit der Formulierung der zweiten Petition in Prag, bei der sich die tschechische Seite immer stärker durchsetzte, nahmen die nationalen Bestrebungen an beiden Seiten schnell an der

---

[51] Über Horns Rede an die Wiener Studenten berichtete eine Extranummer der Prager deutschen Zeitung *Bohemia* aus dem 25. 3. 1848. Der Artikel *Die böhmische Deputation in Wien und ihre Audienz bei Sr. Majestät* ist zwar nicht unterschrieben, ist jedoch aus der Position eines der Deputierten geschrieben und enthält sowohl *Worte des Deputirten Horn an die Wiener Studenten* als auch die „Adresse der Prager Studenten" *Worte, an die Slawen an der Wiener Universität gerichtet*, die Horn auf Deutsch und nachher Pečírka „in böhmischer Sprache" vorgelesen hatten.

Intensität zu. Einige Stimmen machten darauf aufmerksam, dass die Sprachengleichheit die Mehrheit der tschechisch sprechenden Einwohner Böhmens berücksichtigen wird. Diese Stimmen klangen vor allem den deutschen Kreisen gefährlich und die deutschen Gebiete begannen sich in der nationalen Frage zu radikalisieren (Kazbunda, 1929, S. 137f). Zur Beruhigung solcher Ängste schlug Horn zusammen mit anderen Deutschböhmen aus dem St. Wenzels-Ausschuss ein Manifest vor, in dem die Deutschen in Böhmen versichert werden, dass die Tschechen ihre Freiheit nicht dazu ausnutzen wollen, die deutsche Sprache und Literatur zu unterdrücken. Dieses Manifest wurde am 31. März 1848 verfasst, d. h. noch an demselben Tag, als die zweite Deputation ohne Horn Prag verließ (Kazbunda, 1929, S. 138).

Es halfen jedoch keine Beteuerungen der Eintracht und Gleichheit, die zwei Nationen entfremdeten sich immer stärker. Dazu trugen auch die Einberufung der Frankfurter Nationalversammlung, die Einladung des tschechischen Vertreters Palacký und dessen abweisende Reaktion bei. Während mehrere Deutschböhmen die Einigung Deutschlands unter österreichischer Führung befürworteten, hatten die Tschechen Bedenken, in einem „deutschen Meer" unterzugehen, auch wenn solcher Staat eine freiheitliche Verfassung hätte. Die Tschechen, vertreten durch Palacký, neigten eher der sog. kleindeutschen Lösung zu. Sie sahen im Rahmen des österreichischen Kaiserreiches größere Chancen auf ihre Selbstbestimmung.

Wie eng die Schriftsteller mit der Politik damals verbunden waren, bezeugt die Unterschrift Horns neben den anderen tschechischen und deutschen Schriftstellern unter zwei Petitionen, die in der Extranummer der *Bohemia* am 5. April abgedruckt wurden. Die erste Petition unter dem Titel *Verwahrung* richtet sich gegen das neue Pressegesetz und die zweite Petition *Erklärung der Prager Schriftsteller* knüpft indirekt an das Manifest aus dem 31. März an und stellt sich gegen die deutschen Bemühungen, namentlich in Reichenberg, einen „nationalen Zwist" anzufachen (Bohemia, 1848b, S. 1f). Horn offenbarte in seinem Artikel aus dem 5. April[52] eindeutig seine Überzeugung, die er sowohl mit den Tschechen als auch mit den Deutschböhmen im St. Wenzels-Ausschuss teilte, dass die Zukunft Böhmens im Rahmen des Kaisertums Österreich mit erweiterten nationalen Bürgerrechten beruht (Klíma, 1994, S. 17).

Am 2. April wurde Horn in den St. Wenzels-Ausschuss gewählt (Černý, 2007, S. 198), der am 10. April zum Nationalausschuss umbenannt wurde. An diesem Tag redete er unter anderem über die Freiheit und Verfassung und forderte die Organisierung der Filialausschüsse

---

[52] *Constitutionelles Blatt aus Böhmen* aus dem 5. April 1848, Nr. 3, S. 2.

im Lande, die die Interessen der Städte und der Dominien vertreten würden (Kazbunda, 1929, S. 126). Er nahm an der Kommission teil, die am 12. April die Organisierung und die Geschäftsordnung des Nationalausschusses ausarbeitete (Kazbunda, 1929, S. 128).

Die Zugeständnisse der Wiener Regierung den Tschechen gegenüber, die die zweite Deputation aus Wien mitbrachte, wurden unter den Deutschböhmen so interpretiert, als ob sie im Interesse der Bewahrung der Monarchie geopfert werden sollten. Enttäuscht über dieses Verhalten wendeten sich die Deutschböhmen dem Frankfurter Parlament zu als zur letzten Hoffnung an ihre Rettung vor dem zunehmenden Einfluss der Slawen in der Monarchie. In dieser Atmosphäre wurde auch der slawische Verein „Slovanská Lípa" gegründet und der Slawenkongress vorbereitet. Es gab auch Stimmen unter den Deutschböhmen, dass ihre Vertretung im Nationalausschuss die allgemeine Meinung nicht mehr repräsentiert. In Folge der differenziellen Entwicklung und der wachsenden nationalen Konflikte zwischen der deutschen und der tschechischen Seite wurde der Exodus der Deutschböhmen aus dem Nationalausschuss, vor allem nach dem Protest gegen die Frankfurter Wahlen, immer stärker. Am 5. Mai teilte Uffo Horn dem Vorsitzenden des Nationalausschusses, dem Grafen Leo Thun, seine Entscheidung mit, diese Versammlung zu verlassen (Klíma, 1994, S. 43).

Ich habe die Ehre, Ihnen als Präsidenten des National-Comité anzuzeigen, dass ich nicht länger die Auszeichnung genießen kann, Mitglied desselben zu sein. Die Gründe, die mich zu diesem Schritt bestimmten, werde ich in der ausführlichen Denkschrift dem Publikum vorlegen.
Ich gehe mit schwerem Herzen, aber ich finde keinen anderen Ausweg. Der Himmel über uns verdüstert sich, die lichten Sterne der Freiheit verbleichen, dafür geht ein drohender Komet auf, der auf Zwietracht und Unglück deutet.
In meiner Heimat will ich für den Frieden wirken, so lange es möglich ist, ich werde dort vielleicht nützlicher sein können, als hier. Gott schütze das Vaterland. (Schopf II, s. d., 55)

Es folgte jedoch keine „ausführliche Denkschrift", wo Horn seine Resignation begründen würde. Sein Verhalten scheint ziemlich ambivalent, was war überhaupt sein Beweggrund? Warum hat er gerade in diesem Moment sein Vertrauen in den Nationalausschuss und damit auch in die Verständigung zwischen den Tschechen und den Deutschböhmen verloren? Warum hätte ihn die Ablehnung der Wahlen ins Frankfurter Parlament gestört, wie es bei den anderen abtretenden Deutschböhmen der Fall war, wenn er sich eindeutig gegen die großdeutsche Lösung ausgedrückt hatte? Noch am 4. Mai habe er im Nationalausschuss zum Protest gegen den „Befehl zu den Wahlen", den die österreichische Regierung erlassen hatte, aufgerufen. Die liberale Mehrheit stimmte ihm damals jedoch nicht zu (Loužil, 1959, S. 62). Was hat Horn wörtlich nachtsüber zur Resignation bewogen? War es die anwachsende Meinungsverschiedenheit? Frič erwähnt noch einen als „Vorwand" bezeichneten Beweggrund

Horns, und zwar die Feigheit der Tschechen dem despotischen Gubernialpräsidenten Leo von Thun gegenüber (Frič, 1960, S. 50).

Horn wurde andererseits bestimmt auch einem unheimlichen Druck seitens einiger radikalen Deutschböhmen und seitens der Deutschen außerhalb der Monarchie ausgesetzt, die sich sogar eine Trennung nicht nur von Österreich, sondern auch von Böhmen wünschten. Horn ist anscheinend denselben Befürchtungen verfallen und zwar, dass das wachsende tschechische nationale Bewusstsein die Deutschböhmen bedroht. Warum hätte er sonst geschrieben: „In meiner Heimat will ich für den Frieden wirken, solange es möglich ist, ich werde dort vielleicht nützlicher sein können, als hier. Gott schütze das Vaterland." „Heimat" war für ihn die von der deutschen Mehrheit bewohnte Stadt Trautenau und das deutschböhmische Grenzgebiet, denn er kehrte in die Heimat zurück, die er bedroht sieht, um sie verteidigen zu können. Er wollte trotzdem weiter „für den Frieden wirken".

3.4.3 Juniaufstand

Horn war seit 1845 Leutnant und in den Jahren 1848 – 1850 sogar Hauptmann des Trautenauer Scharfschützenkorps (Hansgirg, 1877 S. 237). Am 9. April wurde in Trautenau die Nationalgarde errichtet, die Uffo zusammen mit seinem Vater aufrüsten halfen (Bouza, 1990, S. 63f). In den Junitagen organisierte Horn einige hundert Deutsche, die zusammen mit den tschechischen Einwohnern aus Ostböhmen zu Hilfe nach Prag zogen (Klíma, 1994, S. 74). Die meisten tschechischen Historiographen beschreiben die Beweggründe völlig neutral als „Hilfe für Prag".

Erik Bouza erwähnt in seiner Studie außerdem noch eine Tatsache und zwar, dass die bisher nicht publizierten Quellen aus dem Archiv in Trutnov folgendes besagen. Am 14. Juni seien nach Trautenau die Nachrichten über die Kämpfe in Prag und ein Rundschreiben gekommen, dass die Nationalgarden nach Prag zu Hilfe kommen sollen, wo die Studenten und Arbeiter die deutschen Einwohner bedrohen. Am nächsten Tag begaben sich hundert Männer aus Trautenau unter Uffo Horns Leitung nach Prag (Bouza, 1990, S. 61). War dieses Rundschreiben absichtlich so formuliert, um die deutschböhmischen Bürger und Landleute zur Hilfe überzeugender zu bewegen oder war diese Nachricht ganz ernst und daher als eine nationale Provokation gemeint? Es hatte jedenfalls die erwünschte Wirkung. Unterwegs schlossen sich noch weitere Garden an, sodass bei Gitschin (tschech. Jičín) mehr als zehn tausend Leute herangezogen sind. Die Beamten des Bezirksamtes haben sie jedoch überzeugt, zurückzuziehen, weil es keine Gefahr mehr in Prag drohte. Horn soll sich bei diesen Verhandlungen sehr ungeduldig gestellt haben, in seiner äußerst erregten Rede habe er allerdings bewiesen, dass er zur Seite der Aufständischen im demokratischen, nicht im nationalen Geiste steht (Bouza, 1990, S. 59f).

3.4.4 Herbst 1848

Im August nahm Horn an dem deutschen Kongress in Teplitz teil[53], wo sich Vertreter der deutschen Städte in Böhmen trafen. Es wurde von den Deutschböhmen als Pendant zu dem im Juni aufgelösten Nationalausschuss und dem Slawenkongress zusammengerufen. Horn wurde sogar zu einem der vier Sekretäre gewählt. Auch hier hörte er nicht auf, seine versöhnliche Politik gegenüber den Tschechen zu fordern, er sah immer noch die einzige Lösung in der Zusammenarbeit auf der demokratischen Ebene. Er behauptete, dass die größte Gefahr nicht seitens der tschechischen Demokratie, sondern seitens der feudalen Reaktion droht (Loužil, 1959, S. 17). Überdies sprach er sich auch eher misstrauisch dem Frankfurter Parlament gegenüber aus, was eigentlich dem Gedanken des Kongresses gar nicht entsprach (Klíma, 1994, S. 107).

Nach Hansgirg soll er trotzdem in den „deutschen Centralverein" gewählt worden sein, wo sich eben die radikalen Deutschböhmen organisierten (Hansgirg, 1877, S. 243). Horn habe dort den deutschen Radikalismus gemäßigt und während des Wiener Aufstandes im Oktober und November habe Horn in Reichenberg und Umgebung für eine Hilfe für Wien geworben (Klíma, 1994, S. 132). Seit dem Juniaufstand feuerte er auch die Bauern an, den Gehorsam zu verweigern, die Steuern nicht zu bezahlen, Rekrutierung abzusagen und eine eigene Landwehr zu organisieren (Loužil, 1959, S. 16). Er unterstützte und sogar selbst organisierte eine Arbeiterbewegung in der Reichenberger Region, um den Kampf für Demokratie und Freiheit in Böhmen zu retten (Loužil, 1959. S. 19).

3.4.5 Nach 1848

Zu dieser Zeit war für jeden öffentlich aktiven Menschen nicht mehr denkbar, sich politisch engagieren, ohne sich zu der einen oder der anderen Nationalität zu bekennen. Dass dieses Bekenntnis bei Horn eben nicht eindeutig geschehen ist, bezeugt die Tatsache, dass er für

---

[53] Eine ausführliche Bericht über Horns Teilnahme an Teplitzer Kongress verfasste M. Urban im Artikel *Uffo Horn in der Teplitzer Versammlung des Jahres 1848* In: *Das Riesengebirge in Wort und Bild*, 14. Jahrgang (1894), Heft 3-4.

beide Seiten allmählich als nicht mehr glaubwürdig empfunden wurde. Seine politische Karriere in Böhmen losch um die Jahrwende 1848/49 allmählich aus. Wohl nicht nur aus gesundheitlichen Gründen habe er ebenfalls die auf ihn gefallene Wahl ins Frankfurter Parlament abgelehnt und zog sich aus dem politischen Leben zurück. Im Frühjahr 1849 sei „er zuerst in die Kaltwasseranstalt nach Gräfenberg, hierauf nach Karlsbad, endlich aber nach Dresden" gegangen (Hansgirg, 1877, S. 243).

Nach der ebenfalls erfolglosen Teilnahme an dem Krieg in Schleswig-Holstein kehrte er definitiv nach Trautenau zurück, wo er enttäuscht in seinen Hoffnungen an eine demokratische Staatsordnung mit dem Ruf des „roten Volksaufwieglers" bis zu seinem Tod im Jahre 1860 lebte (Loužil, 1959, S. 20). Loužil zählt auch einige chauvinistische Äußerungen auf, die Horn gegen Ende seines Lebens über die Tschechen getan habe (Loužil, 1959, S. 65f). Nach der Anzeige des Gendarmeriekommandos vom 11. Januar 1856 habe er in Trautenau gegen die Tschechen und deren Sprache gehetzt: „Mann müsse die Tschechen ausrotten, denn in meinen Adern, sagt er, rollt dasselbe Blut wie anno 1848, - ich schweige, weil ich schweigen muß, bis die Zeit kommt" (Fischer, 1926, S. 46). Spätere Berichte meldeten allerdings, dass er durch die, von ihm hervorgerufenen, Zwistigkeiten allen Anhang unter der Bürgerschaft verloren und dass sein Verhalten zwar „vorlaut, aber ganz unschädlich sei" (Fischer, 1926, S. 46). Eitel mache er sich nur gern bemerkbar, er sei als „müßiger Schwätzer bekannt, spreche gern, doch verhallen seine Worte" (Fischer, 1926, S. 46). In dieser Zeit heiratete er Fräulein Helma Jentschik von Ježowa, die er im Salon der Frau Karoline Klar (Ehefrau von Paul Alois Klar) kennen lernte und die ihm nach Trautenau folgte (Hansgirg, 1877, S. 245).

Kurz vor seinem Tod versuchte Horn, sich in der Schrift *Vor dem 11. März* noch einmal mit den Tschechen philosophisch-geschichtlich auseinander zu setzen (Loužil, 1959, S. 64). Leider ist diese undatierte Schrift, die übrigens bisher nicht veröffentlicht worden ist, unvollendet geblieben. Sie befindet sich in Horns handschriftlichem Nachlass im Archiv der Hauptstadt Prag. Horn beabsichtigte wohl seine Erlebnisse und Erfahrungen bis zum Ausbruch der Revolution niederzulegen und die innere und äußere Entwicklung der Revolution zu beschreiben. Trotz der fragmentarischen Form lässt sich aus zwei Entwürfen dieser Schrift seine Gesinnungsentwicklung nach 1848 ziemlich gut herauslesen.

In der Einleitung seiner Zeitgeschichte *Vor dem 11. März* bestreitet Horn die historische Beweisführung eines unterdrückten Volkes, die nicht auf der „praktischen Anwendung"[54], sondern auf den Traditionen und auf der „historischen Berechtigung" beruht. Als Beispiel dafür gibt er den griechischen Unabhängigkeitskrieg gegen die Osmanen in den 20er Jahren des 19. Jahrhunderts an.

Das erste Kapitel beginnt Horn mit Erzählung über seine Ankunft in Prag in den letzten Februartagen 1848, wo er bereits die Revolution in der Luft spürte. Er erinnert sich, wie er nach Begegnung sowohl mit den Liberalen unter der böhmischen Aristokratie als auch mit Strohbach, der nahe der „czechischen Volksparthei" stand, enttäuscht nach Dresden zurückkehrte. Horn beschreibt an dieser Stelle seine damalige Position den Tschechen gegenüber:

Ich galt ja damals bei den Czechen nicht allein für einen erprobten Freisinnigen, sondern auch für einen entschiedenen Czechenfreund. Dieses zweiten Ruhmes hat man auch später entkleidet, der erste freilich ist mir an den Leib gewachsen, „wie dem Drachen seine Haut": und man hätte mich schneiden müssen, wollte man mir ihn abziehn!

Horn befasst sich weiter mit dem „czechischen Element in Böhmen" in der Geschichte und definiert das sogenannte „Altczechenthum„ als „leere Tradition" und das „Neuczechenthum" als „eine vorsätzliche Nachahmung, die keine andere Grundlage als die der Sprache ist". Er negiert „nicht allein die Berechtigung zur Suprematie eines Volksstammes über den andern demselben geografischen Lande überhaupt, sondern auch den ununterbrochenen Zusammenhang der neuesten Anspruch der Czechen mit der faktischen Ausübung derselben seitens dieses Stammes in früherer Zeit, und somit auch jede, aus diesem angeblichen Zusammenhange hergeleitete Berechtigung ins Besondere!"

Nach Horn nimmt „der Streit kein Ende, wenn man dabei statt vorwärts in die Zeit, rückwärts in die Geschichte geht. Diese biete ein unerschöpfliches Arsenal für beide Theile; sie ist wie der Karlsbader Sprudel, der Alles versteinert, was hineingeworfen wurde. Die Lüge so gut wie die Wahrheit, oder mindestens das Recht so gut wie das Unrecht. So wer entscheidet endgültig zwischen Zweien, wenn ein Dritter fehlt?"

Horn bewundert einerseits die Vertreter der tschechischen Volkspartei und deren „Selbstbeherrschung und Disziplin", andererseits stellt er die ältere tschechische Literatur, ihre Qualität und ihre Existenz überhaupt in Frage.

---

[54] Die folgenden Zitate in diesem Abschnitt kommen aus dieser Handschrift, die unter der Nummer 50B4/4 im 3. Karton des bisher nicht vollständig verarbeiteten Nachlasses von Horn im Archiv der Hauptstadt Prag liegt.

In allem Ernste aber, warum zögern die Czechen noch immer, der übrigen Welt in einer Litteraturgeschichte, in einer Bibliographie Rechenschaft Ihrer geistigen Besitze zu geben? Seit dreißig Jahren schon beschäftiget sich eine verhältnißmäßig große Zahl czechischer Gelehrter, mit allen nöthigen Mittel versehen, mit dieser Forschung, ohne daß außer einem Paar Wiederauflagen von Werken, die zunächst nur ein lokales Interesse haben, viel davon zu merken wären. Sie halten wahrscheinlich noch zurück mit den Hauptwerken?

Nach Horn habe es auch keinen Sinn mehr die tschechische Sprache wiederzubeleben, denn es sei für jeden deutschen Gelehrten in Böhmen viel nützlicher Englisch oder Französisch zu lernen.

Abbé Dobrowski wollte nichts weiter, als daß die Czechische Sprache existire, wie die gälische oder bretonische existiren, ernstlich hätte er sich begnügt, auch wenn sie nicht mehr im Munde eines Volkes, sondern nur im Büchersprache eines Gelehrten bestand, als Gramatik, als Wörterbuch. Die wenigen Werke in dieser Sprache, sollten zunächst als litterarische Curiosa, und etwaigen Liebhabern der Philologie und des romantischen Patriotismus die Möglichkeit erhalten bleiben, sie im Originale zu lesen.

Zuletzt beschreibt er noch den Grafen Kolowrat, den „Czechen", „der seinen Volksstamm liebte, [...] aber in einem Gefühl, das über den bloßen Patriotismus hinausging, führte er immer bis dahin unerhörten nationalen Nepotismus in allen Zweigen der ihm unterstehenden oesterreichischen Verwaltung hinein". Neben Kolowrat erwähnt Horn im ähnlich verächtlichem Ton auch den Grafen Chotek, wie auch die anderen „Doktrinairen" „Palazki" und Hanka. An dieser Stelle unterbrach Horn die Auseinandersetzung mit seiner Vergangenheit und mit dem „Neuczechenthum". Seine Gadanken blieben leider unvollendet, genauso wie seine Hoffnungen und Träume.

Am 14. November 1859, ein halbes Jahr vor dem Tod, sei Horn noch einmal vor die Öffentlichkeit beim Schillerbankett in Prag aufgetreten, wo er mit begeisterten Worten den Dichter der Freiheit an seinem hundertsten Geburtstag feierte und die Deutschen Österreichs aufforderte, einig zu sein und „deutsch-bewusst" zu handeln (Fischer, 1926, S. 47). „Zwiespalt in ihm zwischen Wollen und Können, sein unruhiger Geist hatten ihn frühzeitig verbraucht" (Fischer, 1926, S. 46), so erklärt sich Fischer Horns frühzeitigen Tod am 23. Mai 1860.

Am 27. Mai[55] erschien ein umfassender Nekrolog mit zwei Fortsetzungen über Uffo Horn in der Prager deutschen *Bohemia*. Der Autor unterschrieb sich mit Initialen F. M. Am 31. Mai[56] erschien in der tschechischen belletristischen Zeitschrift *Lumír* ein etwas kürzerer Nekrolog,

---

[55] *Bohemia*, 1860, Jg. 33, Nr. 126, 133 und 137, verfügbar aus
http://kramerius.nkp.cz/kramerius/PShowVolume.do?it=0&id=3708
[56] *Lumír*, 1860, Nr. 22, S. 523f, verfügbar aus
http://kramerius.nkp.cz/kramerius/PShowIssue.do?it=0&id=430888

der mit dem Buchstaben „B." unterzeichnet ist. Der Autor beider Nekrologe ist höchstwahrscheinlich der Gründer und Redaktor der Zeitschrift *Lumír* Ferdinand Břetislav Mikovec,[57] der den Namen Břetislav als Zeichen seines aufwachenden Patriotismus annahm. Er habe auch die Publikation von Uffo Horns poetischem Nachlass übernommen (Wurzbach, 1903, S.204) aber sein eigener baldiger Tod hat ihm daran gehindert.

3.4.6 Verhältnis zu den Tschechen

Horns Verhältnis zu den Tschechen war schon immer ein Gegenstand der Verdächtigungen und Vorwürfe. In dem anonym veröffentlichten Pamphlet *Österreichischer Parnass* hat sich Horn selbst für einen „Czechen" erklärt (Loužil, 1969, S. 212). Václavek bezweifelt jedoch diese Bezeichnung, die nach ihm in einem „spielerischen, burschikosen und bierseligen Kontext ausgesprochen" sein soll. Es gehe vielmehr darum, dass Horn sicher durch seine Sympathien zu den Tschechen bekannt war, und auch darum, dass er in seinem angeblichen Autoporträt mit dem spezifischen Merkmal kokettiert, das ihn gerade von den Deutschen unterscheidet, die keinen Kontakt zu der tschechischen Welt hatten. Sein Tschechentum gehöre zu seinem Exzentrismus, der ihn gerade für den deutschen Raum attraktiv macht, und ist deshalb nur eine scherzhafte Provokation (Václavek, 2000, S. 281).

Nicht nur Horn sich selbst, sondern auch viele seiner Kollegen haben ihn für einen Patrioten gehalten. Mikovec hat Horns engagierten Patriotismus und dessen größten Ausdruck, *König Otakar,* im Nekrolog in *Lumír* hervorgehoben:

> *Roku 1843 vrátil se do svého rodiště Trutnova, a horlivě se zúčastňoval v záležitostech občanských. Toho času procitlo vlastenectví k novému národnímu vývinu, a pružný duch mladého muže počal se hlásiti s mladickým zápalem ku svým. Ovoce tohoto směru jest jeho „Otakar", historické drama, které mnohým poetickým šperkem ozdobeno k nejlepším se počítá básním; jak na obecenstvo Hornův „Otakar" působil, toho důkazem jest čtvrté již vydání, které již vyšlo a žádné vydání nebylo menší než 1200 otisků.* (Mikovec, 1860, S. 523)

Und zum Schluss vergaß Mikovec nicht, auch noch an Horns slawische Abstammung zu erinnern:

---

[57] **Ferdinand Břetislav Mikovec** (1826 – 1862) deutsche Ausbildung in Česká Lípa, erste Veröffentlichungen in *Prag* (Beilage Glasers *Ost und West*), Theaterrezensionen für *Bohemia,* ab 1846 für *Květy*, 1848 polizeilich verfolgt, Flucht nach Serbien, 1851 gründete *Lumír,* bedeutender Einfluss auf das tschechische Theaterwesen, Dramatiker (*Záhuba rodu Přemyslovského*), Kultur-Historiker (*Starožitnosti a památky země české*) (Otto 17, 1901, S. 296f) Es wäre interessant Mikovec mit Horn zu vergleichen, denn bei Mikovec ist anscheinend die Bekehrung von einem Deutschböhmen zu einem Tschechen vollzogen.

Zvěčnělý Horn, ač mezi obyvateli německými narozen, pocházel předce z krve slovanské, neboť otec jeho, pan Ferdinand Horn, bývalý c. k. důstojník, jest rozený Polák, matka jeho, rozená Berková, ryzá Češka. (Mikovec, 1860, S. 524)

In der Rede an der Wiener Universität weist Horn zurück, dass sich das Slawentum, in das er sich durch das Pronomen „wir" mit einbezieht, je „zum Werkzeuge des Despotismus herabwürdigen" wird (Bohemia, 1848a, S. 2). Horn war jedoch aus seinem Aufenthalt in Hamburg und Berlin gewohnt, starke Worte „in jungdeutscher Manier" oft übertrieben zu gebrauchen (Loužil, 1969, S. 212). Es scheint so aus, als ob Horns Nationalbewusstsein aus einer „Mischung von romantischen Sympathien für die tschechische nationale Emanzipationsbewegung [...] und von Befürchtungen vor den reaktionären Panslawismus" besteht (Loužil, 1969, S. 212).

Horn gehörte jedoch aufgrund seiner Muttersprache, seiner Bildung, seiner gesellschaftlichen Beziehungen und seiner literarischen und politischen Tätigkeit zu den böhmischen Deutschen oder besser zu den Deutschböhmen. Er schloss sich im Vormärz und am Anfang des Revolutionsjahres 1848 den Tschechen an und strebte nach enger politischer Zusammenarbeit mit ihnen, weil ihm ihr idealer Emanzipationskampf tief imponierte[58].

In seinem *König Otakar* begegnet man allerdings oft den Merkmalen des vormärzlichen Landespatriotismus und dem modernen „tschechischen Nationalismus, einer zeitbedingten Übergangsgestalt, in welcher sich der traditionelle anationale und natürlich deutschsprachige Bohemismus in provokativ klare slawische Farben einkleidet" (Loužil, 1969, S. 212). So liegt auch die Frage Wurzbachs nahe, warum ist Horn in seiner „Tschechenliebe" nicht weiter gegangen und warum hat er sich „in diesem Werk des Patriotismus nicht auch der böhmischen Sprache bedient" [...], „wodurch er ihm seinen ewigen Platz in der Geschichte jener Literatur gesichert hätte, welcher es seiner Gesinnung nach angehört" (Wurzbach, 1903, S. 225). Loužil argumentiert, dass Horns Bedeutung eben in dem Versuch beruht, das alte Konzept des Landespatriotismus möglichst zu erweitern, und es den Bedürfnissen der tschechischen nationalen Bewegung so gut wie möglich anzupassen (Loužil, 1969, S. 213). Diese Hornsche „europäische Konzeption böhmischer nationaler, und doch progressiver Politik" (Loužil, 1969, S. 220), die er nach Loužil in *König Otakar* in den Mund des fortschrittlichen böhmischen Herrn Boresch legte, blieb für die meisten seiner deutschen Zeitgenossen völlig unverstanden. Noch Wurzbach schrieb 1903 über Horn und dessen *König Otakar* folgende Worte:

---

[58] Vgl. *Vor dem 11. März* oder seine Rede auf dem Teplitzer Kongress, die M. Urban, l. c. zitiert.

Daß Horn sich in diesem Drama so auffallend auf die Seite der Tschechen stellte, nimmt bei der Begeisterung, welche er anderseits für die deutsche Poesie, speziell für Schiller, bekundete, sehr wunder, wie überhaupt sein stetes Kokettieren mit der tschechischen Sache einen sehr merkwürdigen Kontrast zu seiner zeitweiligen deutsch-freundlichen Gesinnung bildet. Nach einer Erklärung für diesen Zwiespalt in dem Charakter des Dichters sucht man vergeblich. (Wurzbach, 1903, S. 225)

In der Revolution 1848 hat Horn die Forderung der demokratischen Freiheiten sowohl den deutschen als auch den tschechischen nationalen Interessen übergeordnet und als er sich überzeugte, dass die Tschechen freisinniger und fortschrittlicher als die böhmischen Deutschen waren, schloss er sich den Tschechen an. Noch auf der Teplitzer Versammlung setzte er energisch den Gedanken der Einheit der demokratischen Kräfte beider Nationalitäten im Interesse der Freiheit durch und lehnte hartnäckig die Hoffnungen ab, die die Deutschen in Böhmen auf das Frankfurter Parlament setzten, denn in Frankfurt befand sich seiner Meinung nach die Partei der Freiheit in der Minderheit (Urban, 1894, S. 43).

Horn plädierte für die Teilnahme des Bürgertums an der politischen Macht neben dem Adel, er schwankte zwischen dem folgerichtigen Demokratismus der bürgerlichen Linken und dem opportunen Liberalismus des wohlhabenden Bürgertums, das seine eigenen ökonomischen Interessen verfolgt und die „hohe" Politik der aristokratisch-bürokratischen Regierung überlässt genauso wie die Prager Bürger in *König Otakar* (Loužil, 1969, S. 215).

Die politische und gesellschaftliche Entwicklung nach der Niederlage der Revolution 1848 und in den Jahren des Bachschen Absolutismus überzeugten Horn allmählich, dass der Gedanke eines friedlichen Zusammenlebens der Tschechen und der Deutschen in einem modernen demokratischen Staat utopisch ist. Die beiden Versionen des *König Otakars* sind nach Loužil ein klarer Beweis Horns Resignation und seines Übergangs auf die nationalistische Position der deutschböhmischen liberalen Bourgeoisie.

Horns Schwanken haben manche Literaturhistoriker mehr oder weniger gerecht als Charakterlosigkeit und Labilität der politischen und gesellschaftlichen Ansichten (Loužil, 1969, S. 219) oder Unglaubwürdigkeit (Höhne, 2008, S. 53) beurteilt. Hansgirg hat bereits 1849 Horns Wechsel von der tschechischen zur deutschen Partei im Verlauf der Revolution kommentiert:

Horn ist entschieden aus der Scilla des Nationalausschusses in die Charibde der Versammlung in Teplitz gefallen und dieser Farbenwechsel fällt ihm sehr schwer zur Last, er mag sich selbst darüber verantworten. (Hansgirg, 1849, S. 410)

Wohl am schärfsten beurteilt Horns Einstellungswechsel J. V. Frič im Jahre 1859[59]:

Uffo Horn, bezcharakterní renegát, který se stal nyní aristokratem, protože se oženil s baronkou, a který, aby se v Německu učinil zajímavý, nezřídka hrál roli zuřivého Slovana, odvážil se před nedávnem vyzvat Čechoněmce, své krajany, aby každoročně jako národní svátek slavili vítězství Němců nad Čechy na Bílé Hoře. (Frič, 1956, S. 58)

Der regionale Historiker Fischer hat Horns gedankliche Entwicklung aufgrund dessen Studie *Vor dem 11. März* aus dem Blickwinkel eines Sudetendeutschen zusammengefasst, in wie weit die erwähnte Enttäuschung „über das einseitig nationale Vorgehen der Tschechen" berechtigt war, bleibt wohl eine unbeantwortete Frage, es ist jedenfalls kennzeichnend für diese Seite der Barrikade. Die Wahrheit ist wohl irgendwo in der Mitte:

Zweifellos ist nicht zu verkennen, dass Horn, in seinen politisch freiheitlichen Bestrebungen durch das einseitig nationale Vorgehen der Tschechen arg enttäuscht und verbittert, sich in seinem Urteil über die nationalen Ansprüche der Tschechen, über ihre Geschichte und Literatur zu einem Ton absprechender Bekämpfung, zu leidenschaftlichen Ausfällen, zu manchen Härten und Ungerechtigkeiten hinreißen ließ. Immerhin bleibt seine Abhandlung „Vor dem 11. März" sowohl als Beitrag zur Zeitgeschichte ungemein lehrreich als auch aufschlussgebend für des Dichters völlige Wandlung seit seiner Wiener Reise im März 1848 als Abgesandter der Prager Studenten. Er, der vor diesem Wendepunkt in seinem Leben sich mehr als seine Zeitgenossen von der slawenfreundlichen Strömung treiben ließ, dem geistigen und nationalen Aufschwunge der Tschechen eine liebvoll begeisterte Anteilnahme widmete, sich selber einen Freund der Tschechen nannte, ihre Sage und Geschichte dichterisch verherrlichte und einen „König Ottokar" schrieb, war jetzt ganz anderer geworden. Hiefür gibt neben seinem mannhaften deutschen Auftreten im Teplitzer Kongresse und seiner seitdem betriebenen politischen Tätigkeit diese Schrift den besten, den deutlichsten Beweis, in welcher er aus seinem deutschen Nationalstolze heraus und im sicheren Gefühl deutscher Überlegenheit bald leidenschaftlich hart, bald nüchtern klar mit den Tschechen abrechnete. Die Gedanken, die er hier niederlegte, sind das Ergebnis seiner persönlichen Erfahrungen als Politiker, seiner mit dem Alter gereiften Erkenntnis über das wahre nationale Verhältnis der Tschechen zu den Deutschen und seines von den Schlacken einstiger romantischer Schwärmerei befreiten, nüchternen Urteils über die Geschichte und Literatur der Tschechen. Uffo Horn hatte sich allen verworrenen Träumen von einem idealen kosmopolitischen Liberalismus, aus seinem nationalem Schwanken endgültig zum durchaus deutschen Fühlen und Denken bekehrt und zum Bewusstsein seines von der Heimat ihm vererbten Deutschtums durchgedrungen. (Fischer, 1926, S. 58)

---

[59] Ursprünglich veröffentlicht am 19. 6. 1859 in der deutschen Emigranten-Zeitschrift *Herman* in London.

4. Vergleich der Dramen

4.1 Horns König Otakar vs. Ottokar

Wie schon erwähnt wurde, die vollständige Tragödie von Horn erschien zum ersten Mal 1845 unter dem Titel *König Otakar. Tragödie in fünf Akten und einem Vorspiele* im „Artistisch-typographischen Institute von C. W. Medau und Comp. in Prag" (Horn, 1845). Die zweite unveränderte Auflage erschien ebendort im Jahre 1846 und die dritte Auflage wurde 1850 parallel in Prag bei J. Calve und in Leipzig bei H. Hübner herausgegeben. Die vierte und bisher auch die letzte Auflage, die 1859 in Prag bei Calve und in Leipzig diesmal bei C. H. Meyer unter dem Titel *König Ottokar. Trauerspiel in fünf Akten und einem Vorspiele* herausgegeben wurde[60], hat Horn „für die Bühne neu" bearbeitet (Horn, 1859, Titelseite)[61].

Beurteilt man nach der Jahreszahl 1853 auf Horns Manuskript, das eben die Veränderungen in der ersten Fassung aufweist, kann man annehmen, dass die zweite Fassung bereits fünf Jahre vor der Linzer Uraufführung im Juli 1858 fertig war, die eben diese zweite Version auf die Bühne brachte. Da diese Umarbeitung für die praktische Aufführung auf der Bühne bestimmt wurde, handelt es sich vor allem um Kürzungen und Konzentration auf die Handlung. Einige Veränderungen sind ebenfalls im Stil und in der Szenenabfolge zu finden. Da der Vergleich dieser zwei Fassungen nicht der Gegenstand dieser Diplomarbeit ist, widmet sich die folgende vergleichende Analyse nur oberflächlich den wesentlichsten Unterschieden in der Handlung und in der Szenenabfolge.

4.1.1 Namen und Figuren

Einen augenscheinlichen Unterschied sieht man schon im Titel, es geht nämlich um die Schreibweise der Eigennamen. Während in der ersten Fassung die tschechische Form des Namens „Otakar" erscheint, gibt die zweite Fassung den Namen in deutscher Form „Ottokar" an, genauso wie Grillparzer in seinem *König Ottokars Glück und Ende*. Und diese Formveränderung der Namen betrifft auch alle anderen tschechischen Personennamen wie Přemysl → Premysl, Ondřej von Říčan →Andreas von Ritschan, Zaviš → Zawis, Boreš → Boresch, Dědic → Dedic, Giřik → Girek. Interessant ist dabei die Unkonsequenz der Verdeutschung, denn der tschechische Konsonant „š" in „Zaviš" ändert sich zu „s" in „Zawis" während in „Boreš" zu „sch". Im Falle des deutschen Namens Rudolph (Rudolf in der

---

[60] Weiter werden diese drei Auflagen (1845, 1845 und 1850) als erste Fassung und die vierte Auflage aus dem Jahr 1859 als die zweite Fassung genannt.
[61] verfügbar aus http://kramerius.nkp.cz/kramerius/ontheflypdf_MGetPdf?app=9&id=14564&start=3&end=3

zweiten Fassung) handelt es sich jedenfalls um eine geläufige sprachliche Entwicklung, die noch andere Wörter im Text betrifft.

Diese germanisierende Schreibweise gibt es jedoch nur in der Druckversion von 1859. In Horns Nachlass gibt es drei Manuskripte, eins davon beinhaltet eben die Veränderungen der ersten Fassung und ist mit dem Jahr 1853 versehen, die anderen zwei sind Reinschriften der zweiten Fassung. In allen drei Manuskripten schwankt die Schreibweise zwischen der tschechischen und der deutschen auch innerhalb eines Manuskripts, deshalb lässt sich also aus dieser Unkonsequenz kein sicherer Schluss über Auswirkungen des Gesinnungswandels bei Horn ziehen.

Eine höchstinteressante Geschichte verbindet sich allerdings mit dem Prädikat der ungarischen Prinzessin Kunigunde „von Masovien" im Falle der ersten Fassung und „von Machovien" im Falle der zweiten Fassung. Bereits Grillparzer hat die ungarische Prinzessin „von Massovien" genannt und Horn hat das Prädikat auch in seiner ersten Fassung übernommen. Es handelt sich höchstwahrscheinlich um einen Irrtum schon bei Grillparzer, denn Horn hat es in seiner zweiten Fassung korrigiert. Bereits Hormayr[62] habe darauf aufmerksam gemacht, dass es nicht „Mas(s)ovien", sondern „Machovien" sein soll (Kraus 1999, S. 355). Es geht nämlich nicht um bloße Verwechslung zwei Buchstaben, der Unterschied ist viel größer. Masovien (Masau, Masovia, Mazovia[63] aber auch Masowïen, Massovien[64]) wurde ehemals die polnische Landschaft mit der Hauptstadt Warschau genannt. So wäre aber Kunigunde eine polnische Prinzessin. Sie war aber Enkelin des ungarischen Königs Béla IV. Ihre Mutter Anna von Ungarn, Bélas zweitgeborene Tochter, heiratete den Großfürsten von Kiew Rostislaw II.[65] aus einer Seitenlinie der Rjurikiden aus Halytsch-Wolhynien, der vor den Mongolen nach Ungarn fliehen musste und in Belas Dienste trat. Er wurde Ban im slavonischen Fürstentum Mačva (Machow, heute in Serbien), wo seine Tochter Kunigunde ihre Kindheit verbrachte. „Von Machovien" ist daher das richtige Prädikat, sie wird außerdem oft auch als Kunigunde „von Halitsch", „von Ungarn" oder sogar „von Kiew" genannt. Es bleibt jedoch unklar, wie es zu der Verwechselung von „Machovien" und

---

[62] **Joseph Freiherr von Hormayr** (1782 – 1848) österreichischer Historiograph (Meyers 9, 1907, S. 555). In Hormayers Zeitschrift *Archiv für Geschichte, Statistik, Literatur und Kunst* , 16. Jg., 1825, Nr. 22-24 erschien eine ausführliche Studie über Grillparzers *Ottokar*.
http://books.google.cz/books?id=OzlTAAAAQAAJ&printsec=frontcover&dq=Archiv+f%C3%BCr+Geschichte, +Statistik,+Literatur+und+Kunst&source=bl&ots=AE5UcnTdhJ&sig=y93oylajrWTlWDoqyHxmIxDsxVk&hl= cs&ei=MSYRTJiUHNuhOJfylMkH&sa=X&oi=book_result&ct=result&resnum=1&ved=0CBUQ6AEwAA#v= onepage&q&f=false
[63] Pierer's 10, 1860, S. 944.
[64] Meyers 13, 1908, S. 398.
[65] http://www.mittelalter-genealogie.de/mittelalter/koenige/ungarn/bela_4_koenig_von_ungarn_1270.html

„Masovien" gekommen ist. Das einzige Bindeglied zwischen der böhmischen Königin Kunigunde und Masovien ist ihre erstgeborene Tochter, ebenfalls Kunigunde benannt, die aus der Ehe mit Ottokar hervorging. Diese Tochter wurde später Ehefrau des polnischen Herzogs Boleslaw von Masowien und nach seinem Tod Äbtissin des Prager Georgklosters.

Die Kürzungen in der 1859-Fassung wirken sich auch in der Figurenmenge aus. Der böhmische Ritter Hron von Nachod und der böhmische Herr Smil Swĕtlicky von Lichtenburg, der in der zweiten Fassung als Herr Smiel genannt wird, treten zwar auf, haben jedoch keine Replik mehr. Die Prager Bürger Schmied Howora und Waclaw Podskalsky fehlen ganz, genauso wie der Freisasse Strnad und der steirische Ritter Mehrenberg der Jüngere. Der zweiten Fassung werden dagegen einige Figuren hinzugefügt, wie der kleine Wenzel, Sohn von Kunigunde und Ottokar, eine Zofe der Königin und Ottokars Leibknappe Waclaw. In der zweiten Fassung tritt zusätzlich noch der „ungarische Magnat und Gesandte Bela" mit einer Replik auf, er wird jedoch in dem Personenverzeichnis am Anfang des Trauerspiels namenlos angegeben.

4.1.2 Szenenabfolge

Die wesentlichen Veränderungen betreffen jedoch die Szenenabfolge und die Handlung selbst. Die einleitende Vorrede, die an die „ehrenfesten Herr'n vom Prager Rath" (Horn, 1845, 1846, 1850, 1859) gerichtet ist, bleibt unverändert, nur die Unterschrift Horns hinter der Vorrede wird um die Orts- und Zeitangaben „Trautenau im Riesengebirge, im Juni." (Horn, 1859, letzte Seite der Vorrede) erweitert.

Im Vorspiel fehlen einige Passagen, andere wurden etwas erweitert, die Handlung bleibt jedoch unverändert. Nur die Atmosphäre fängt an, sich leicht und unauffällig zu ändern, was sich vor allem an den Figuren Otakars und Rudolfs auswirkt. Diese Tendenz durchdringt das ganze Theaterstück.

Im ersten Akt der zweiten Fassung wurden die letzten vier Auftritte an den Anfang verschoben. Zuerst geht also die Szene im Schloss Habsburg vor, dann die im Prager Schloss. Es ändert sich bloß die Abfolge der Ereignisse, nicht deren Inhalt. Auch im ersten Akt wurde es wesentlich gekürzt, genauso wie im zweiten und im dritten Akt, es kommt jedoch zu keinen maßgeblichen Veränderungen in der Handlung. Im Akt des Landtags (2. Akt) ist die Debatte über die deutsche Krone stark gekürzt, ähnlich das Eifern des Pfalzgrafen gegen die Untreue der österreichischen Herren im dritten Akt.

Die bedeutenderen Veränderungen findet man in den letzten zwei Akten. In der ersten Fassung sagt Kunigunde im vierten Akt, dass der König wegen des Meineids ein Kloster errichten soll, in der zweiten Fassung sagt es der König selbst. Der Ortswechsel ist in diesem Akt entfallen, auch die Prager Bürger treten nicht mehr auf, darüber wird dem dritten Auftritt noch ein Gespräch zwischen Ottokar, Ritschan und Zawis, wo Ottokar seinen Entschluss äußert, gegen Rudolf erneut auszuziehen, und zu Ende des Aktes bringt die Königin den kleinen Wenzel herbei, damit sich der König an ihn erinnere, solle er verzagen. Der König fragt schmerzlich, was das Schicksal dieses Kindes sein werde, das kein Kind der Liebe ist, sollte er nicht zurückkehren. Das ist schon eine wesentliche Wende in Ottokars stolzer Gesinnung. Während sich Ottokar in der ersten Fassung ganz sicher ist, dass er aus dem Kampf zurückkehrt, macht er sich in der zweiten Fassung Sorgen, was mit seinem Sohn geschieht, falls er nicht zurückkehrt. Hier setzte Horn das Ende des vierten Aktes und lässt damit die ganze Verwandlung (d. h. den 4. – 8. Auftritt) aus, wo die böhmischen Herren und die Prager Bürger Ottokars Entschluss zu neuem Feldzug diskutieren und sich dann auf zwei Lager teilen, indem die Rosenberger und die Prager Bürger dem König im neuen Kampf beistehen wollen. Den protestierenden ungehorsamen Herren schwört Ottokar seine Rache, sobald er aus dem Krieg zurückkehrt.

Der fünfte Akt wurde wesentlich umarbeitet, im dritten Auftritt besucht Kunigunde heimlich ihren Geliebten Zawis, weil sie sich vorwirft, dass sie ihn in den Kampf getrieben hatte. Im Unterschied zu der ersten Fassung spricht Ottokar seinen Verdacht nicht aus, dass Zawis sein Verräter ist, hält ihn aber bei sich und lässt ihn wegen „einer Unruhe" in Rosenbergers Lager nicht selbständig kommandieren. In der zweiten Fassung fehlt auch Ottokars Befehl, den Kaiser nicht zu töten. In der Verwandlung fehlt auch die Szene aus der ersten Fassung, wo die österreichischen Adeligen eine blutige Rache an Ottokar verschwören und als es Rudolf feststellt, untersagt er streng, Ottokar zu töten. Es fehlt also in der zweiten Fassung sowohl Ottokars als auch Rudolfs Verbot ihren Gegner zu töten, außer der Selbstwehr. In der ersten Fassung wird geschildert, dass Ottokar von Schenk Emmerberg und dem jungen Mehrenberg, der seinen Vater rächen will, verwundet wird und auf Hilfe von Milota und Zawis vergeblich wartet. Ottokar bereut kurz vor dem Tod seine Taten und beauftragt Boresch, seinen Sohn der Königin zu nehmen und selbst aufzuziehen. In der zweiten Fassung berichtet der ungarische Magnat Bela den Kaiser, dass Ottokars Heer aus dem siegreichen Vormarsch plötzlich zurückgezogen ist und bald daran bringt Berthold Schenk Ottokars Schwert und verkündet, dass er Ottokar totgeschlagen habe. Rudolf wirft ihm vor, dass er den böhmischen König getötet hat und weist ihn aus. Boresch kommt zu Rudolf und bittet um Ottokars Leiche,

Rudolf überreicht ihm Ottokars Schwert, mit dem Boresch den Verräter des Königs rächen soll. Rudolf tut Ottokars Tod aufrichtig leid und erweist dem toten König die letzte Ehre als dem größten Helden seiner Zeit. Der Schluss der zweiten Fassung ähnelt sich mehr dem von Grillparzer.

Aus dem Vergleich der beiden Texte geht letztendlich hervor, dass die zweite Fassung von Horn noch mehr der Tragödie von Grillparzer ähnelt. So ist der Habsburg in der zweiten Fassung noch edler und Otakar noch wilder und rücksichtsloser als in der Fassung von 1845. Das ideale Streben der slawischen Partei wird durch blinden antideutschen Hass in den Schatten gestellt und der ideale Held Rudolf stößt auf die brutale Willkür der slawischen Partei, die auch den König Otakar irregeleitet hat. Diese Verschiebung des Gesamtsinnes des Trauerspiels *König Otakars* entspricht Horns Resignation auf eine demokratische Lösung der politischen Krisis von 1848 (Loužil, 1969, S. 219).

4.2 Grillparzer vs. Horn

Die folgende Textanalyse konzentriert sich hinsichtlich des Themas vor allem auf den inhaltlichen Aufbau der beiden Texte und auf die daraus folgenden Aussagen und möglichen Interpretationen vor dem kulturpolitischen Hintergrund. Es werden vor allem die Unterschiede zwischen beiden Dramen aufgezählt, wobei Horns zweite Fassung als Grundlage des Vergleichs dient, denn diese wird als die letzte, umgearbeitete und daher auch definitive Version herausgegeben.

4.2.1 Formaler Aufbau

Beide Dramen sind Versdramen in den reimlosen fünfhebigen jambischen Blankversen, die im männlichen Vers aus zehn, im weiblichen aus elf Silben bestehen. Grillparzers *Ottokar* besteht aus 2988 Versen, Horns erste Fassung aus 2820 und die zweite, umarbeitete und gekürzte, Fassung aus 2449 Versen einschließlich des Prologs und des Vorspiels. Daraus folgt, dass Grillparzers Trauerspiel um 168, bzw. 539 Verse länger als es das Hornsche ist.

Grillparzer gliederte sein Trauerspiel *König Ottokars Glück und Ende* ganz schlicht in fünf Aufzüge, keine Szenen, keine Auftritte, obwohl sich die Zeit und Ort auch während des Aufzuges wechseln. Nicht so Horn. Den beiden seinen Fassungen des *König Otakars,* bzw. *Ottokars* geht die Widmung der „Rath und Bürgerschaft der königlichen Hauptstadt Prag" voran und folgt eine Vorrede, wo die „ehrenfesten Herr'n vom Prager Rath" in siebzig Versen angesprochen werden. Das Vorspiel wird in fünf Auftritte gegliedert. Das Trauerspiel selbst hat fünf Akte, der erste Akt acht Auftritte, der zweite Akt zehn Auftritte, der dritte Akt acht Auftritte, der vierte Akt sieben, bzw. drei Auftritte und der fünfte Akt fünfzehn, bzw. elf Auftritte. In jedem Akt versah Horn einen Auftritt mit der Überschrift „Verwandlung", dies ist jedoch in den einzelnen Fassungen unterschiedlich.

4.2.2 Handlung

Die Handlung beider Dramen weist zahlreiche Ähnlichkeiten auf, da das spätere von Horn als „der ureigenste Ausdruck des böhmischen Widerstandes gegen Grillparzers Drama" entstand Kraus, 1999, S. 371). Der folgende Vergleich setzt sich zum Ziel, die wesentlichsten Unterschiede in der Handlung beider Tragödien aufzuzählen.

4.2.2.1 Horns Vorrede und Vorspiel

Den ersten Unterschied findet man gleich am Anfang: Horn hat sein Trauerspiel mit einer Widmung, einer Vorrede und mit einem Vorspiel versehen. Sowohl die Widmung als auch die Vorrede ist an die Prager Bürger gerichtet, denen der Dichter sein „Heldenlied" über den „Riesen [...] aus tausend Zwergen, aus uns'res Volkes eisernen Gestalten die eisernste – aus uns'res Landes Fürsten den strahlendsten, den Z w e i t e n O t t o k a r!" zueignete (Horn, 1859, S. 6 - 2. Seite der Vorrede). In der Vorrede wird das Schicksal des Haupthelden angedeutet, indem die Rollen der anderen Figuren kurz charakterisiert werden. Horn lobt Ottokar dafür, dass er den stolzen schattenreichen „Baum [...] als ein junges Reis gepflanzt" hat „und wenn auch blutgedüngt, ist er gedieh'n!" – „[...] die stolze Eiche ‚**Bürgerthum**'" (Horn, 1859, letzte Seite der Vorrede).

Das Vorspiel zeigt Ottokar an seinem Kreuzzug nach Preußen, wo er den heidnischen Fürsten Vitold besiegt. Ottokar rettet dort Rudolf von Habsburg, der eben im Kampf mit Vitold geriet. Ottokar bietet Rudolf Preußen als böhmisches Lehen an, Habsburg lehnt es jedoch ab, denn er ist mit seinem kleinen Erbgut zufrieden und verteidigt das Recht des deutschen Reiches auf die Ostsee, so gehen sie auseinander. Ottokar bietet dasselbe auch dem preußischen Fürsten, Vitold lehnt es als Sklaverei ebenfalls ab, schwört eine schreckliche Rache an Ottokar zu nehmen und stürzt sich ins Meer.

4.2.2.2 Exposition

Die Handlung des ersten Aktes unterscheidet sich völlig. Grillparzer setzt die Handlung in der Zeit ein, wo die Ehescheidung Ottokars von Margarethe vollzogen wird. Der ganze Aufzug schildert Ottokars Machtaufstieg und Glück: er kehrt aus der siegreichen Schlacht bei Kroissenbrunn heim, seine Ehe mit Margarethe wird päpstlich annulliert, sodass er die junge ungarische Prinzessin heiraten kann, ohne Margarethes Erbländer zu verlieren und überdies wird ihm auch die Kaiserkrone angeboten. Bei Horn fängt der erste Akt mit Ottokars Verstimmung über den Streit mit Kunigunde an, die an ihm eine Unterstützung ihres „Ohmes"[66] Béla in seinem Kampf mit aufständischen Magnaten erbitten möchte. Ottokar lehnt es ab und Kunigunde schickt ihr eigenes Gold, dass sie jedoch vorher von Ottokar geschenkt bekommen hatte. Im Schloss Habsburg lädt der Pfalzgraf den Grafen Rudolf als Kandidaten für die Kaiserwahl nach Frankfurt ein. Mit diesen zwei Szenen deutet Horn Ottokars Niedergang bereits im ersten Akt an.

4.2.2.3 Komplikation

Im zweiten Akt entwickelt sich der Konflikt, der in beiden Dramen ähnlich ist, nämlich Verrat Ottokars durch seine Nächsten: Zawisch und Kunigunde nähern sich an. Grillparzers zweiter Aufzug schildert, wie der Intrigant Zawisch der jungen Königin Hof macht und wie sie ihm ihre Zuneigung schenkt. Bei Horn geht es hier sogar um die erste Begegnung Zawis' mit Kunigunde, er fühlt sich zu ihr so stark hingezogen, dass er nicht weiter reisen möchte. Während bei Horn Ottokar selbst die Kaiserkrone ablehnt, kommt bei Grillparzer die Nachricht über Rudolfs Wahl zum Kaiser noch bevor sich Ottokar entschließt die Krone für sich anzunehmen. Rudolfs Forderung an Ottokar, dass er die Erbländer Margarethes abgeben soll, lehnt er kategorisch ab und anerkennt Rudolfs Wahl zum Kaiser nicht. Bei Horn ist dieser Konflikt durch einen anderen ersetzt. Der König räumt den Bürgern besondere Rechte zum Nachteil des Adels ein. Zawis bezweifelt diese Rechte und protestiert im Namen der Adeligen, die ihn jedoch nicht einstimmig unterstützen. Zawis fühlt sich beleidigt und verlässt zornig den Landtag.

---

[66] In Wirklichkeit ihr Großvater

4.2.2.4 Peripetie

Der Wendepunkt ist bei beiden Autoren nicht nur ähnlich, sondern derselbe. Ottokar ordnet sich ohne Kampf dem Kaiser unter und verzichtet auf die österreichischen Länder. Es unterscheidet sich nur in der Art und Weise, wie es dazu kommt. Bei Grillparzer überzeugt der Kanzler Braun von Olmütz den König Ottokar, mit dem Kaiser zuerst friedlich zu verhandeln, während Zawisch ihn nur zum Kampf ermutigt. Bei Horn ist es Ritschan, der oberste Kämmerer, der den König zur Unterredung mit Rudolf bewegt. Bei Grillparzer möchte Ottokar den Kaiser mit seiner Herrlichkeit und der Erinnerung an ihre vergangenen Beziehungen imponieren, es ist jedoch Rudolf, der dem böhmischen König imponiert, indem er Ottokar dessen verzweifelte Lage zeigt. Die österreichischen Herren samt den Städten ergaben sich dem Kaiser, und auch Margarethe fand bei ihm die Zuflucht. Ottokar empfängt von Rudolf kniend Böhmen und Mähren als Lehen verhüllt in einem Zelt, aber Zawisch reißt den Zelt nieder und der König eilt verzweifelt von dannen. Bei Horn ist das entscheidende Argument die Mahnung Rudolfs an Vitolds Racheschwur. Horn lässt den König vor dem Kaiser nicht knien, Ottokar verzichtet nur auf die österreichischen Länder und entsagt sich dabei des Bundes mit dem deutschen Reich überhaupt. Zawisch verhöhnt dann nur ironisch „diesen ehrenvollen Frieden".

4.2.2.5 Retardation

Auch dieser Akt wird von beiden Autoren im Grunde genommen fast identisch bearbeitet. Die Situation beruhigt sich nach dem Frieden aber nicht für lange Zeit. In beiden Werken kehrt Ottokar allein ohne sein Heer nach Prag zurück, bei Grillparzer wagt er sogar nicht die Burg zu betreten und bleibt vor dem Tor sitzen. Kunigunde empfängt Zawis mit Erleichterung, aber dem König macht sie so bittere Vorwürfe, dass er sich erniedrigt fühlt. Bei Grillparzer tritt die Wende ein, als Ottokar die Geiseln entlassen soll, unter denen der alte Merenberg ist, den Ottokar für Hochverräter hält. Der König lässt den alten Herrn in den Kerker werfen, sodass dieser an Folgen der Verletzungen stirbt. Um die verlorene Ehre wiederzugewinnen, zieht Ottokar gegen Rudolf von neuem aus. Bei Horn ist dieser Entschluss zu neuem Kampf eher ein Ergebnis des Druckes, den Kunigunde und Zawis auf Ottokar ausüben.

4.2.2.6 Katastrophe

Der letzte Akt schildert den letzten Tag Ottokars. Grillparzer lässt den König in den letzten Stunden Abschied von seiner Frau Margarethe nehmen, die auf dem Weg zu Rudolf gestorben ist, wo sie Gnade für Ottokar erbitten wollte. Der Krieg wird unsicher geführt, Ottokar wartet untätig ab, während Kunigunde mit Zawisch zu Rudolf geflohen sind, der ihnen eine scharfe Lektion erteilt. Bei Horn besucht Kunigunde Zawis noch im Lager, um ihn über ihre Zuneigung zu versichern. Zawis vertraut sogar seinem Oheim Milota seine Pläne an: nach Ottokars Tod wird er die Königin heiraten, damit wird er Regent des Königreichs und kann sich eigenmächtig an den Bürgern rächen. Milota und Zawis stiften dann Unruhen im Heer, sodass Ottokar Zawis befiehlt bei ihm zu bleiben. Bei Grillparzer versagt Rudolf streng Ottokar zu töten. Dieses Verbot ist auch in der ersten Fassung Horns, in der zweiten Fassung wurde er jedoch ausgelassen. Grillparzer schildert im Unterschied zu Horn, wie der König getötet wird: Ottokars Pferd wird in der Schlacht getötet und er selbst verwundet, er sieht seine Niederlage und bekennt sich vor Gott, dass er schlecht gehandelt und regiert hat. Merenbergs Sohn Seyfried sucht Ottokar aus, um seinen Vater zu rächen, und fordert Ottokar zum Kampf auf, so dass er ihn in der Notwehr töten kann und dabei Kaisers Befehl nicht übertreten muss. Ottokar ruft Milota zu Hilfe, der weist es jedoch ab, weil sein Bruder Benesch als ein Sinnberaubter gestorben ist und dessen Tochter Berta an seinem Sarg rast. Er fühlt kein Erbarmen mit seinem König mehr und verlässt das Schlachtfeld. Der junge Merenberg schlägt Ottokar im Gefecht tot. Bei Horn wird Ottokars Tod dem Kaiser eben durch den ungarischen Magnaten Bela verkündet, der Mörder, in diesem Falle der österreichische Ritter Berthold Schenk von Emmerberg, bringt dem Kaiser Ottokars Schwert und beweist damit dessen Tod. In beiden Dramen wird der Königsmörder von dem Kaiser ausgewiesen. Bei Horn endet das Trauerspiel mit der Ehrenerweisung des Leichnams von Ottokar durch den Kaiser. Grillparzer bereicherte die Schlussszene damit, dass man noch Margarethes Sarg bringt und ihn zu Ottokars Leiche legt. Alle versammeln sich bei den Toten: der Kaiser, die Königin Kunigunde, Zawisch, Kanzler, Berta und klagen über sie. Kaiser belehnt zum Schluss seinen Sohn mit Österreich und mahnt ihn, nie wie Ottokar zu werden.

4.2.3 Dargestellte Zeit

Grillparzers Drama umfasst eine historische Zeitspanne von zweiundzwanzig Jahren, d. h. von Ottokars Rückkehr vom Sieg zu Kroissenbrunn (1260) bis zur Belehnung Rudolfs Söhne mit Österreich und der Steiermark durch ihren Vater (1282). Dieser relativ lange Zeitraum wird jedoch in fünf Akten so vereint, dass es als höchstens ein paar Wochen scheint. Die Einheit von Zeit und Ort ist zwar nicht so streng eingehalten, trotzdem kommt es nicht zu bedeutenden Veränderungen innerhalb eines Aktes und die dramatische Zeit steht still, sobald der Vorhang fällt, sodass zwischen den einzelnen Akten nichts Bedeutendes geschieht. So steht die Handlung zu Beginn des zweiten Aktes dort, wo sie am Ende des ersten war. Man vermutet zwar die zeitliche Lücke, aber in dieser Zeit geschah keine Wende in der Handlung. Draußen im Reich wird zwar der Kaiser gewählt, das Heer rückt vor und zieht sich zurück, Versammlungen finden statt, der Kaiser lässt dreimal schicken, damit der böhmische König das Lehen zurückgibt, aber Ottokar ändert sein Denken nicht außer auf der Bühne. Zawisch nähert sich der Königin nicht, Merenberg unternimmt nichts, solange er außer der Bühne steht. Der Zuschauer verpasst nichts Wichtiges.

Die Komposition des Dramas macht aus dem Chaos der historischen Ereignisse ein Ganzes dadurch, dass alle die Zusammenhänge, die von den historischen Ereignissen ausgehen, nur auf das einfache Ursache-Folge-Schema reduziert werden. Der König wird seiner Gemahlin untreu, er unterliegt den Reizen von Berta, als Folge dessen arbeitet er mit Hilfe Rosenbergs an der Scheidung von seiner Gattin, und als er das beinahe erreicht hat, reagiert er schlagfertig auf die entstandene politische Situation. Er verbindet das Angenehme mit dem Nützlichen und festigt durch eine neue Heirat den Frieden mit Ungarn. Damit aber beleidigt er das mächtige Geschlecht von Rosenberger und ruft ihre Rache hervor, Zawisch vereitelt seine Wahl zum Kaiser, verführt seine Frau, schwächt sein Heer, und Milota verrät ihn und führt ihn dem Tod in die Arme. Durch sein Verschulden gegen Margarethe verrät Ottokar Österreich und die Steiermark, ihre Mitgift, womit er dem Grafen Habsburg den Anlass gibt, sich der beleidigten Frau anzunehmen, macht dadurch die Reichswahlmänner auf ihn aufmerksam. Rudolf wird anstelle Ottokars zum Kaiser gewählt, der mit dem höchsten Recht das Lehen bei Ottokar anfordert. Die neue junge Königin, die ihren Gatten Ottokar nicht liebt, treibt ihn schmachvoll in einen neuen verzweifelten Kampf mit dem Kaiser. Nicht zuletzt verliert er durch alle diese Taten die Achtung seiner Treuen, vor allem seines treuesten Schülers und Dieners, Seyfried von Merenberg, der den Tod seines, in Ottokars Kerker unschuldig verstorbenen, Vaters rächen muss.

Horns Drama umspannt fast genauso langen Zeitraum wie das Grillparzers, es ist nur mit anderen geschichtlichen Ereignissen abgegrenzt. Den Anfang bildet die Zeit, in der das Vorspiel vor sich geht. Das Vorspiel handelt zur Zeit des ersten Kreuzzugs Ottokars nach

Preußen im Winter 1254/55. Horns Trauerspiel endet mit Ottokars Tod 1278, über die Belehnung Rudolfs Söhne ist die Rede nicht mehr. Daher spielt Horns Drama in den Jahren 1255 bis 1278, d. h. dreiundzwanzig Jahre lang. Zwischen dem Vorspiel und dem ersten Akt vergeht eine längere Zeit, mehr als zehn Jahre. Der zweite Akt spielt zur Zeit der Kaiserwahl, vor dem dritten Akt vergehen zwei bis fünf Jahre und die übrigen Akte enthalten dann eine zusammenhängende Handlung wie bei Grillparzer.

Die Zwischenakte, die bei Grillparzer so trostlos leer waren, kommen bei Horn zur Geltung. Zwischen dem Vorspiel und dem ersten Akt vertreibt der König seine erste Frau Margarethe, bemächtigt sich Österreichs und unterdrückt die Herren, während es dem Volk und den Bürgern gut geht. Vor dem zweiten Akt wird er zum Kaiser gewählt, die Fürsten aber denken schon an einen anderen, an Rudolf. Er wird auch noch vor oder während des zweiten Aktes zum Kaiser gewählt und beginnt vor dem dritten Akt den Krieg mit Ottokar um die österreichischen Länder, deren Herren Ottokar verraten und zusammen mit Rosenberger zu den Kaiserlichen übergehen. Die Anknüpfung der letzten zwei Akte wird durch das von Horn in die zweite Fassung hinzugefügte Gespräch zwischen Ritschan, Zawis und Ottokar noch verbessert. Erst hier wird erklärt, was Ottokar zu dem erneuten Feldzug gegen Rudolf bewogen hat.

Keiner der Dichter hat die chronologische Abfolge der geschichtlichen Vorgänge streng eingehalten, beide haben sie jedoch geschickt zur Erzielung der gewünschten Wirkung aneinandergefügt.

Geschichtliche Ereignisse:

Gliederung	bei Franz Grillparzer	bei Uffo Horn
Vorspiel		Kreuzzug nach Preußen (1254/55)
1. Aufzug/ Akt	Rückkehr vom Sieg zu Kroissenbrunn (1260)	Nach der Vermählung mit Kunigunde (1261) aber noch vor dem Tod Belas IV. (1270)
	Trennung von Margarethe (1261)	
	Ankunft Kunigundes (1261)	
	Huldigung der Steiermärker (1260)	
	Tod Herzog Ulrichs von Kärnten (1269)	
	Vertreibung der Böhmen aus der Prager Vorstadt (1257)	
	Gesandtschaft von Reich (1254/55 oder 1271)	
2. Aufzug/ Akt	Wahl Rudolfs (1273)	Gesandtschaft von Reich (1271)
3. Aufzug/ Akt	Verhaftung Merenbergs (1271/72)	Der steirische, Kärntner und Krainer Adel erhob sich gegen König Ottokar und schloss sich der Partei des 1273 zum römisch-deutschen König gewählten Rudolf von Habsburg an (1276)

		Tod Stephans V., sein zehnjähriger Sohn Ladislaus V. zum König gekrönt (1272)
	Unterredung zwischen Rudolf und Ottokar (1276)	Unterredung zwischen Rudolf und Ottokar (1276)
4. Aufzug/ Akt	Ottokar widerruft in Prag seinen Vergleich mit Rudolf (1277)	Ottokar widerruft in Prag seinen Vergleich mit Rudolf (1277)
5. Aufzug/ Akt	Schlacht auf dem Marchfeld und Ottokars Tod (1278)	Schlacht auf dem Marchfeld und Ottokars Tod (1278)
	Rudolf belehnt seine Söhne mit Österreich und der Steiermark (1282)	
Geschichtlicher Zeitraum	1260 – 1282 → 22 Jahre	1255 – 1278 → 23 Jahre

4.2.4 Dargestellter Ort

Der dargestellte Ort ist meistens von der dramatischen Zeit abhängig, in der sich die einzelnen Szenen abspielen, und er ist nicht immer eindeutig festzustellen.

Das Vorspiel bei Horn verläuft an einem Tag in Preußen zu Ende des siegreichen Kreuzzuges.

Der erste Aufzug bei Grillparzer spielt vermutlich auch an einem Tag und zwar im „Vorzimmer der Königin" Margarethe und dann im „Thronsaal mit gotischen Bogen und Säulen" „im Schlosse zu Prag". Bei Horn ist es nicht mehr klar, seine zwei Szenen des ersten Aktes spielen an unterschiedlichen und von einander weit entfernten Orten, nämlich „Gemach im Prager Schlosse" (deismal Gemach von Königin Kunigunde) und im „Schloß Habsburg". Horn hat sogar die Abfolge der Szenen in der zweiten Fassung geändert. Ob es um einen und denselben Tag oder zwei verschiedene Tage geht, ist nicht klar.

Der zweite Aufzug füllt bei Grillparzer einen anderen Tag aus und spielt an einem Ort, im „offenen Gartensaal" immer noch im Prager Schloss. Bei Horn ist es eine Nacht „im Prager Schlosse" und der folgende Tag im „Landtag – Großer Saal im königlichen Schlosse".

Im dritten Aufzug bricht Grillparzer die Einheit des Ortes und somit auch der Zeit. Hier gehen drei Szenen vor, die erste im „Gemach in Merenbergs Schlosse", die zweite im „böhmischen Lager am linken Donauufer" und die dritte im „Lager der Kaiserlichen" auf der „Insel Kaumberg in der Donau". Ob die drei Szenen des dritten Aufzuges an einem Tag geschehen, ist auch nicht eindeutig, es ist aber möglich, denn die Gefangennahme Merenbergs spielt beim Sonnenaufgang, es können daher an demselben Tag auch die anderen Szenen folgen, die mit Belehnung Ottokars mit Böhmen und Mähren durch den Kaiser Rudolf enden. Bei Horn gibt es nur zwei Szenen und sie haben ähnlichen Inhalt, wie die zweite und die dritte Szene bei

Grillparzer. Sie spielen jedenfalls an einem Tag und die Orte sind mit den Grillparzers auch sehr ähnlich: „Lager von Drosendorf" und „Feld an der Donau".

Die Handlung des vierten Aktes ist wieder bei beiden Autoren sehr ähnlich, es spielt sich an einem Tag auf der Prager Burg und in der Nähe ab. Grillparzer setzte sie vor die „Burg zu Prag" ein, Horn in den „Prager Schloss". Horns erste Fassung enthält noch eine Szene am „Marktplatz von Prag", die er jedoch in der zweiten Fassung gestrichen hat.

In dem letzten, fünften Akt stellen beide Dichter den letzten Tag Ottokars dar. Grillparzer gliedert den Aufzug in fünf Szenen: 1. „Kirchhof von Götzendorf", 2. „Kurzes Zimmer im Hause des Küsters", 3. „Platz vor dem Hause, wie zu Anfang des Aufzuges", 4. „Freie Gegend an der March" und 5. „Ein anderer Teil des Schlachtfeldes". Horn teilt den fünften Akt in zwei Szenen, eine spielt im „böhmischen Lager" und die letzte im „freien Feld", in der zweiten Fassung auf dem „Marchfeld bei Laa". Die beiden Autoren lassen den letzten Akt vor dem Sonnenaufgang einsetzten.

Dargestellter Ort und formaler Aufbau:

Grillparzer 1825	Ort	Horn 1845	Ort	Horn 1859	Ort
		Widmung		Widmung	
		Vorrede		Vorrede	
		Vorspiel		**Vorspiel**	
		1. Auftritt	Wilde	1. Auftritt	Wilde Felsengegend
		2. Auftritt	Felsengegend	2. Auftritt	
		3. Auftritt		3. Auftritt	
		4. Auftritt		4. Auftritt	
		5. Auftritt		5. Auftritt	
		Trauerspiel		**Trauerspiel**	
1. Aufzug		**1. Akt**		**1. Akt**	
	Im Schlosse zu	1. Auftritt	Schloss Habsburg	5. Auftritt	Gemach im Prager
	Prag, Vorzimmer	2. Auftritt		6. Auftritt	Schlosse
	der Königin	3. Auftritt		7. Auftritt	
	Thronsaal mit	4. Auftritt		8. Auftritt	
	gotischen Bogen	Verwandlung	Gemach im Prager	Verwandlung	Schloss Habsburg
	und Säulen	5. Auftritt	Schlosse	1. Auftritt	
		6. Auftritt		2. Auftritt	
		7. Auftritt		3. Auftritt	
		8. Auftritt		4. Auftritt	
2. Aufzug		**2. Akt**		**2. Akt**	
	Offener	1. Auftritt	Im Prager Schlosse	1. Auftritt	Im Prager Schlosse
	Gartensaal	2. Auftritt		2. Auftritt	
		3. Auftritt		3. Auftritt	
		4. Auftritt		4. Auftritt	
		5. Auftritt		5. Auftritt	
		6. Auftritt		6. Auftritt	
			Großer Saal im	Verwandlung	Großer Saal im
		7. Auftritt	königlichen	7. Auftritt	königlichen
		8. Auftritt	Schlosse	8. Auftritt	Schlosse

		9. Auftritt		9. Auftritt	
3. Aufzug		**3. Akt**		**3. Akt**	
	Gemach in	1. Auftritt	Lager vor	1. Auftritt	Lager vor
	Merenbergs	2. Auftritt	Drosendorf	2. Auftritt	Drosendorf
	Schlosse	3. Auftritt		3. Auftritt	
	Böhmisches	4. Auftritt		4. Auftritt	
	Lager am linken	Verwandlung	Feld an der Donau	Verwandlung	Feld an der Donau
	Donauufer	5. Auftritt		5. Auftritt	
	Insel Kaumberg	6. Auftritt		6. Auftritt	
	in der Donau,	7. Auftritt		7. Auftritt	
	Lager der	8. Auftritt		8. Auftritt	
	Kaiserlichen				
4. Aufzug		**4. Akt**		**4. Akt**	
	Vor der Burg zu	1. Auftritt	Prager Schloss	1. Auftritt	Prager Schloss
	Prag	2. Auftritt		2. Auftritt	
		3. Auftritt		3. Auftritt	
		Verwandlung	Marktplatz von		
		4. Auftritt	Prag		
		5. Auftritt			
		6. Auftritt			
		7. Auftritt			
5. Aufzug		**5. Akt**		**5. Akt**	
	Kirchhof von	1. Auftritt	Böhmisches Lager	1. Auftritt	Böhmisches Lager
	Götzendorf	2. Auftritt		2. Auftritt	
	Kurzes Zimmer	3. Auftritt		3. Auftritt	
	Platz vor dem	4. Auftritt		4. Auftritt	
	Hause, wie zu	5. Auftritt		5. Auftritt	
	Anfang des	6. Auftritt		6. Auftritt	
	Aufzuges	7. Auftritt		7. Auftritt	
	Freie Gegend an	Verwandlung	Freies Feld		
	der March	8. Auftritt		8. Auftritt	Marchfeld bei Laa
	Ein anderer Teil	9. Auftritt		9. Auftritt	
	des	10. Auftritt		10. Auftritt	
	Schlachtfeldes				
		11. Auftritt		11. Auftritt	
		12. Auftritt			
		13. Auftritt			
		14. Auftritt			
		15. Auftritt			

4.2.5 Figuren

Angesichts der Ähnlichkeit beider Dramen, sowohl im Thema als auch in deren Bearbeitung, sind auch viele der auftretenden Figuren identisch oder haben ein ähnliches Äquivalent. Die Schreibweise der Namen ist zwar unterschiedlich, die historischen Gestalten bleiben jedoch identifizierbar. Obwohl die Namen in Horns zweiter Fassung etwas germanisiert wurden, ist Grillparzer in dieser Richtung noch konsequenter.

Horn teilt in seiner ersten Fassung die Figuren im Personenverzeichnis auf die „Deutsche Parthei" und die „Böhmische Parthei". Dieses übersichtliche System wird auch in der folgenden Figurenanalyse verwendet.

Die leitende Figur der Böhmischen Partei und zugleich die Hauptfigur der beiden Dramen ist der böhmische König, von Grillparzer „Primisluas Ottokar" während von Horn „Premysl Ottokar II." genannt. Bei Horn fehlen die zwei Mitglieder des Geschlechts von Rosenberg, nämlich „Benesch von Diedicz" und „dessen Tochter Berta". Horn nennt dafür die anderen zwei Rosenberge samt deren Prädikaten: „Milota von Dedic" und „Zawis von Falkenstein" (bei Grillparzer mit „sch"). Bei Horn tritt der Kanzler „Braun von Olmütz" nicht, sein Äquivalent könnte man jedoch in der Figur des obersten Kämmerers „Andreas von Ritschan" finden, der dem König treu dient und weise Ratschläge gibt. Außer dem Kämmerer taucht bei Horn noch andere böhmische Herren und Ritter auf: der oberste Burggraf „Berka von Duba", „Boresch von Osek", „Gallus Jablonsky", „Herbott von Füllenstein" und Ottokars „Leibknappe Waclaw". Die Herren „Hron von Nachod" und „Smil Swětlicky von Lichtenburg", in der 1859-Fassung nur als „Smiel" genannt, treten nur einmal wortlos auf, sie stehen sogar nicht auf dem Personenverzeichnis der zweiten Fassung Horns. Grillparzer stellt neben Füllenstein noch „Ortolf von Windischgrätz", der aber keine Replik vorträgt. In beiden Dramen erschienen Vertreter der Stadt Prag, bei Grillparzer ist es direkt der „Bürgermeister", bei Horn der Bräuer und Rathsmann von Prag „Girek".

An der Spitze der Deutschen Partei steht in beiden Dramen der „Graf Rudolf von Habsburg", späterer Kaiser. Grillparzer erwähnt darüber hinaus auch seine zwei Söhne „Albrecht" und „Rudolf", sie werden bloß in der letzen Replik Rudolfs mit Österreich belehnt. Rudolf spricht sie jedoch im Singular „meinen Sohn" an, dabei meint er seinen älteren Sohn. Dass beide Söhne anwesend sind, wird klar erst aus der Anweisung Grillparzers: „Auf seinen Wink knien seine beiden Söhne nieder. Er spricht immer vorzugsweise zu dem älteren Sohn. Dem Namen der ersten Gemahlin Ottokars „Margarethe von Österreich" hat Grillparzer die Erläuterung „Witwe Heinrichs von Hohenstaufen" hinzugefügt. Bei Horn tritt sie gar nicht auf, sie wird nur von Rudolf und Berthold erwähnt. Die Kammerfrau von Margarethe „Elisabeth" erscheint auch nur bei Grillparzer. Dem Burggrafen von Nürnberg „Friedrich Zollern", der bei Grillparzer als Reichsabgesandter auftritt, entspricht der namenlose „Reichsgesandte" bei Horn. Von den beiden österreichischen Rittern „Heinrich von Lichtenstein" und „Berthold Schenk von Emerberg", die bei Grillparzer auftauchen, kommt bei Horn nur „Emmerberg" vor, der sogar zum Mörder des Königs Ottokar wird. Bei Grillparzer hilft er nur dem jungen Merenberg dabei. Die Merenberger erscheinen bei Horn gar nicht, nur in der ersten Fassung Horns steht „Mehrenberg, der Jüngere, steirischer Ritter", tritt zusammen mit Emmerberg erst kurz vor Ottokars Tod. Bei Grillparzer tritt kurz noch ein steirischer Ritter „Friedrich Pettauer", der bei Horn nicht vorkommt. Ihm könnte jedoch der „Markgraf von Hochberg" entsprechen, der zusammen mit dem" Pfalzgrafen bei Rhein" dem Kaiser nahe stehen. Zu den anderen Figuren, die nur Grillparzer benutzt, gehören noch „Ottokar Hornek", „Merenbergs Frau", der „Küster von Götzendorf", der „Kanzler des Erzbischofs von Mainz" und „Paltram Vatzo", Bürgermeister von Wien. Dem kaiserlichen Herold bei Grillparzer würde wohl der Reichsherold bei Horn entsprechen. Bei Grillparzer kommen noch die Abgeordneten der deutschen Wahlversammlung und bei Horn ein Knappe Rudolfs vor. Die Komparserie zählt Grillparzer als „Böhmische, österreichische, steirische, kärntnerische Landesherren und Kriegsleute" auf, Horn dagegen als „Herren, Ritter, Gefolge der Königin, Kriegsvolk".

Zwischen diesen zwei Parteien steht Kunigunde, die ungarische Prinzessin und böhmische Königin in einer Person, sie spielt in beiden Dramen dieselbe Rolle, bei Horn wird sie jedoch falsch als Belas Nichte bezeichnet. Bei Grillparzer tritt kurz auch der ungarische König Bela mit zwei Repliken im ersten Aufzug. Im Text von Horn findet man im letzten Akt eine Replik von Bela, der jedoch im Personenverzeichnis fehlt. Aus Horns Manuskripten wird jedoch klar, dass es um einen ungarischen Magnaten „Bela Szent Török" geht, der im Personenverzeichnis der gedruckten Versionen bloß als „ein ungarischer Magnat und Gesandter König Ladislaus'" bezeichnet wird. Eine kurze Replik gehört bei Horn auch dem kleinen Wenzel, dem Söhnchen von Ottokar und Kunigunde. Der „Kammerfräulein Kunigundens" entspricht bei Horn die „Zofe der Königin". Hierher gehören überdies noch „ein ungarischer Magnat und Gesandter König Ladislaus'" und „ein ungarischer Herold", die bei Horn auftreten.

Bei Grillparzer überwiegt die Deutsche Partei mengenmäßig die Böhmische Partei. Bei Horn sind die beiden Parteien fast gleichmäßig.

Verzeichnis der Personen:

Grillparzer – König Ottokars Glück und Ende (1825)	Horn – König Ottokar – 2. Fassung (1859)
Die böhmische Partei	
Primislaus Ottokar, König von Böhmen	Premysl Ottokar II., König in Böhmen.
Benesch von Diedicz ⎫	
Berta, seine Tochter ⎭	
Milota ⎫ die Rosenberge	Milota von Dedic, ⎫ Rosenberger,
Zawisch ⎭	Zawis von Falkenstein, ⎭
Braun von Olmütz, des Königs Kanzler	Andreas von Ritschan, oberster Kämmerer,
	Berka von Duba, oberster Burggraf
	Boresch von Osek,
	Gallus Jablonsky,
	Waclaw, Ottokars Leibknappe.
Herbott von Füllenstein	Herbott von Füllenstein, in Ottokar's Diensten.
Ortolf von Windischgrätz	
Der Bürgermeister von Prag	Girek, Bräuer und Rathsmann von Prag.

Kunigunde von Massovien, seine Enkelin	Kunigunde von Machovien, seine zweite Frau.
	Wenzel, ihr Söhnchen.
Ein Kammerfräulein Kunigundens	Eine Zofe der Königin
Bela, König von Ungarn	[Bela =] Ein ungarischer Magnat und Gesandter König Ladislaus'
	Ein ungarischer Herold
Die deutsche Partei	
Rudolf von Habsburg	Rudolf, Graf von Habsburg, nachmals römischer Kaiser.
Albrecht ⎤	
Rudolf ⎦ seine Söhne	
Margarethe von Österreich, Witwe Heinrichs von Hohenstaufen, Ottokars erste Gemahlin	Nur erwähnt
Elisabeth, Margarethens Kammerfrau	
Friedrich Zollern, Burggraf von Nürnberg	Ein Reichsgesandter.
Heinrich von Lichtenstein ⎤ österreichische Ritter Berthold Schenk von Emerberg ⎦	Berthold, Schenk von Emmerberg, österreichischer Ritter.
Der alte Merenberg ⎤	
Seyfried Merenberg ⎬ steirische Ritter	Mehrenberg der Jüngere, steirischer Ritter.
Friedrich Pettauer ⎦	
	Der Pfalzgraf bei Rhein.
	Der Markgraf von Hochberg.
Ottokar Hornek	
Merenbergs Frau	
Paltram Vatzo, Bürgermeister von Wien	
Ein kaiserlicher Herold	Ein Reichsherold.
Der Küster von Götzendorf	
Der Kanzler des Erzbischofs von Mainz	
	Ein Knappe Rudolfs.
Abgeordnete der deutschen Wahlversammlung	
Böhmische, österreichische, steirische, kärntnerische Landesherren und Kriegsleute	Herren, Ritter, Gefolge der Königin, Kriegsvolk

4.2.6 Figurenkonstellation

Zur Beschreibung der Figurenkonstellation dienen die folgenden Schaubilder, für jedes Drama eins, die nach der Methode von Hans Krah[67] verfertigt wurde. In zwei folgenden Schemata werden die Beziehungen zwischen einzelnen Figuren schaubildlich skizziert. Die Figuren sind ebenfalls nach den semantischen Räumen „deutsch und österreichisch" rechts und „böhmisch" links angelegt.

---

[67] Vgl. Krah, 2006, S. 361ff.

Figurenkonstellation im Trauerspiel *König Ottokar Glück und Ende* von Franz Grillparzer (1825)

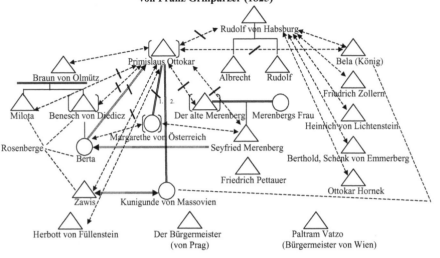

Figurenkonstellation im Trauerspiel *König Ottokar* von Uffo Daniel Horn

(2. Fassung – 1859)

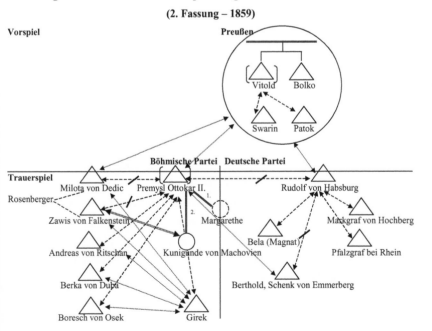

Beziehungsschemata

△ Männlich

◯ Weiblich, ◌ tritt nicht auf, nur erwähnt

[ ] Figur während der erzählten Zeit verstorben (getötet)

▬▬ Ehe ➤— Ehescheidung

⊓ Geschwister

◀▪▪▪▪▶ Wechselseitige Liebe

◀▪▪▪▪▶ Wechselseitige Beziehung (Freundschaft, Verwandtschaft, Untertan – Landesherr)

◀▪▪▪▪▶ Wechselseitige Feindschaft

◀—✕—▶ Beendigung der Beziehung

⟋⟍ Nicht genau rekonstruierbare Verwandtschaft

4.2.7 Charakteristiken

Einige Unterschiede sind wohl auch in den Charakteristiken der einzelnen Figuren zu finden. Die folgende Charakterbeschreibung betrifft vorzugsweise die Figuren, die in beiden Dramen erscheinen oder eine bedeutende Rolle spielen.

4.2.7.1 König Ottokar

Grillparzers *König Ottokars Glück und Ende* ist ein ureigenstes <u>historisches Drama</u>. Der Dichter fasste die Personen in historischen Zusammenhängen mit ihren Taten und mit ihrer historischen Bedeutung. Angefangen mit der Hauptfigur des Königs Ottokar muss man zugeben, dass ihn Grillparzer so schildert, wie ihn die Historiker in Grillparzers Zeit zeichneten: der Eroberer, aber auch Zivilisator ganz Böhmens und Unterdrücker Österreichs und der Steiermark. Auch Grillparzer lässt sich nicht verleiten, den König nur als einen kampfdurstigen und machtbesessenen Herrscher darzustellen. Ottokar schwankt wie alle anderen Sterblichen zwischen dem Guten und dem Bösen und sein Ende besteht in der Unfähigkeit, auf seine Herrschaft zu verzichten. Allerdings auch diese Unfähigkeit scheint eigentlich als eher unverschuldet, denn Margarethe hätte ihn nicht zum erneuten Kampf mit Rudolf gezwungen, die musste er jedoch im Interesse der Erbfolge gegen die jüngere, aber leidenschaftliche Frau wechseln. Sein Tod kam als Rache für den Margarethes Tod, den er zwar nicht direkt verschuldete, trotzdem bekennt er kurz vor seinem eigenen Tod:

> *Ich hab nicht gut in deiner Welt gehaust,*   2825
> *Du großer Gott! Wie Sturm und Ungewitter*
> *Bin ich gezogen über deine Fluren.*
> (Grillparzer, 1992, S. 106)

69

Es war nicht Ottokar selbst oder seine Taten, es war sein tragisches Schicksal, das sein unglückliche Ende verursachte.

Horn bemühte sich andererseits, seinen Ottokar von der Schilderung Grillparzers, die er als Demütigung empfindet, zu reinigen und beschreibt ihn deshalb als einen idealen König, der die Städte und die Freien in seinem Reich beschützt und den stolzen Adel einbeschränkt. Er schont die Freiheit des Wortes auf dem Landtag, er ist den guten Ratschlägen zugänglich. Als die Mehrheit auf dem Landtag beschließt, dass er die Kaiserkrone ablehnen soll, tut er das. Als ihn die Königin mit Vorwürfen empfängt, steht er erniedrigt da, nimmt es bescheiden an, und folgt, weil er in dem Moment nichts Besseres weiß. Diesmal hört er sich die Gegenmeinung nicht an, er setzt Ritschan ab und macht ihn dafür verantwortlich, dass er die Krone abgelehnt hatte und daher jetzt mit Rudolf kämpfen muss. Horns Ottokar spricht keine Reue aus, er bedauert nur, dass seine besten Tage vorüber sind. Und sein Tod ist keine persönliche, sondern eine politische Rache für die Unterdrückung Österreichs, inwieweit er daran tatsächlich schuldig ist, bleibt offen. Die Ehescheidung spielt darin keine Rolle.

4.2.7.2 Rudolf von Habsburg

Grillparzer schildert Rudolf bewusst als Ottokars Pendant, im Lichte des gewaltigen Ottokars scheint Rudolf noch unschuldiger und gerechter. Er ist nicht der abstrakte gute Fürst, sondern jener Rudolf, der der Zeit des Faustrechts ein Ende setzte, der ein kleines, aber hoffnungsvolles Reich und mit ihm die zukünftige Dynastie begründete, die Keime des österreichischen Reiches. Auch Horn konnte sich der Tatsache nicht erwehren, dass Ottokar durch Rudolf überschattet ist. Seine Charakteristik ist im Grunde genommen identisch mit der bei Grillparzer. Nur ein Moment ist bei Horn bemerkenswert, als sich Ottokar dem Kaiser nähert, schlägt dessen Herz heftig, schreitet ihm aber würdevoll entgegen. Da zeigt Horn einerseits Rudolfs tiefen Respekt vor Ottokar und andererseits die innere Kraft, die dem Kaiser eine geistige Überlegenheit verleiht.

4.2.7.3 Zawis(ch) (von Falkenstein)

Zawisch ist ein typischer Intrigant, Schurke und böser Geist, der Ottokars Ende verursacht, ohne entschleiert worden zu sein. Er vereitelt Ottokars Wahl zum Kaiser, verführt die Königin, gibt trügerische Ratschläge im Krieg und als der König nach seiner Niederlage zurückkehrt, tritt ihm Zawisch an der Seite der Königin Kunigunde mit allzu großer Dreistigkeit entgegen. Seine Unverschämtheit ist beispiellos, er spricht so gewagt, dass ihn jedes Wort dem Henker ausliefern kann. Bei Horn vertraut er sogar Milota seine Pläne offen an, nach Ottokars Tod in der Schlacht Kunigunde zu heiraten und Regent in Ottokars Königreich zu werden.

Bei Grillparzer ist Zawischs Verrat als Rache vollzogen, Rache für Berta, die Geliebte Ottokars, die der König nicht heiratete, wie sich ihre verwandten Rosenberge erhofften. Obwohl Zawisch selbst an diesen Plan nicht glaubte, empfand er Ottokars Vermählung mit Kunigunde als Ehrenverletzung seines uralten Geschlechts, das seine Abstammung von dem römischen Patrizierhaus Ursini herleitet. Unter der Maske der Ironie verbirgt er seine Pläne. Horns Zawis ist Repräsentant des heimatlosen Adels, er selbst hält die Liebe zum Vaterland für einen bloßen tierischen Trieb. Er ist stolz auf seine italienische Abstammung und will daher dem „Bauernkönig" nicht dienen. Um Milota gegen Ottokar und die anderen Herren aufzustacheln, bezichtigt sie des Nationalismus. Diese Passage gehört zu denen, die Horn umgearbeitet hat. In diesen Veränderungen spiegelt sich gewiss auch Horns Meinungsentwicklung nach der Revolution 1848.

Am besten ist es in folgender Replik von Zawis zu beobachten.

[...] diese Herr'n	*[...] diese Herr'n*
	Vollblut'ge Czechen, stolz und unduldsam,
Verzeih'n uns uns're wälsche Abkunft nicht,	*Verzeihn uns uns're wälsche Abkunft nicht!*
Und sehen stets nur fremde Eindringlinge	
In uns, die edlern Blutes sind als sie!	
Sie hassen uns, wie sie die Deutschen hassen –	*Und hassen uns, wie sie die Deutschen hassen!*
Und endlich, Ohm, was haben wir gemein?	(Horn, 1859, S. 63)
Und was bekümmert uns die beiden fern,	
Der unfruchtbare Streit der Nationen.	
(Horn, 1845, S. 66)	

Der Grund für Zawis' Verrat bei Horn ist neben seinem Stolz und dem Unwillen, dem „Bauernkönig" zu dienen, auch die Beleidigung, die er auf dem Landtag erlitt. Er kann nicht ertragen, dass der König die Bürger bevorrechtigt.

Was Zawischs Zuneigung zu der Königin Kunigunde angeht, ist es bei Grillparzer nicht ganz klar, ob er sich tatsächlich in sie verliebte oder ob er sie vorsätzlich verführte. Bei Horn machte ihr Zawis den Hof jedenfalls noch vor der Beleidigung auf dem Landtag. Grillparzer führt seinen Zawisch so weit, dass er zusammen mit Kunigunde vor der entscheidenden Schlacht zum Kaiser überläuft. Horn lässt ihn dagegen sein Rachespiel bis zu Ende an der Seite Ottokars genießen.

4.2.7.4 Kunigunde von Massovien (Machovien)

Die Charakterzüge von Kunigunde sind in beiden Dramen sehr ähnlich, sie liebt ihren viel älteren Gatten nicht, sie will jedoch stolz über sein mächtiges Reich herrschen. Der König schaudert vor ihrer Unweiblichkeit, bei Grillparzer kommt sie sogar in Belas Gefolge als Krieger bekleidet. Bei Horn möchte sie anstelle Ottokar sein Heer als „eine zweite Wlasta" führen. Sie scheint jedoch in den zielbewussten und ehrgeizigen Zawis aufrichtig verliebt zu sein. Bei Horn verbindet Kunigunde mit Zawis noch eine Tatsache, sie fühlt sich in Böhmen fremd und sie liebt das Land nicht.

4.2.7.5 Bruno von Olmütz vs. Andreas von Ritschan

Dieselbe Rolle in beiden Dramen spielen der Kanzler Bruno von Olmütz bei Grillparzer und der oberste Kämmerer Andreas von Ritschan bei Horn. Sie sind die treuen, mustergültigen Diener ihres Königs, die ständig für Versöhnung mit Rudolf sprechen. Nach Kraus kann Ritschan eigentlich als Sprecher des Dichters Uffo Horn angesehen werden. Loužil ist allerdings der Meinung, dass der Sprecher Otakars und sogar der eigentliche Held des Stückes de facto Boreš vorstellt (Loužil, 1969, S. 209).

In den Gesprächen Ritschans mit Ottokar, Zawis oder Boresch habe Horn seine eigenen Argumente vorgelegt, betreffe es die Bürgerschaft oder die Deutschen. Ritschan möchte die Zeiten eines Horymirs, Truts[68], Biwogs zurückrufen, als der Deutsche nur in Angst das Land betrat, in dem er jetzt stolz sein Haupt erhebt. Seine Ansichten an das Zusammenleben mit den Deutschen sind ziemlich radikal, in der zweiten Fassung wurden diese Passagen jedenfalls durchgestrichen. Ritschans Repliken über das Königreich Böhmen konkurrieren kühn dem Lobgesang Ottokars von Hornek an Österreich bei Grillparzer. Daher ist die Theorie Loužils viel wahrscheinlicher, dass ein anderer böhmischer Herr, Boresch nämlich, die Rolle des Sprechers von Horn spielt. Er vertritt das Programm einer zielbewussten Integration Böhmens in die europäische Kultur, des freien und friedlichen Zusammenlebens mit den übrigen europäischen Völkern und der freundschaftlichen Zusammenarbeit der Deutschen und Tschechen im Königreiche Böhmen.

---

[68] Der Ritter Trut ist wohl nicht so allgemein bekannt wie Horymír oder Bivoj. Horn erwähnt ihn, da Trut und sein Drachen mit der Legende über die Gründung der Stadt Trutnov, bzw. Trautenau, Geburtsort Horns, verbunden ist.

4.2.7.6 Milota (von Dedic)

Grillparzers Milota ist ein rauer und starrköpfiger Rächer. Er benimmt sich despotisch gegenüber dem steirischen Adel, er folgt nicht nur dem Drang nach Rache, sondern auch einer angeborenen Rohheit. Er scheint die ganze Zeit zwischen der Treue seinem König, der ihm blind vertraut, und der Familie, die der stolze aber undurchschaubare Zawis vertritt. Seinen Verrat begründet er zuletzt als Rache für den gestorbenen Bruder Benesch und dessen rasende Tochter Berta. Milota spielt bei Horn keine bedeutende Rolle, er ist eher ein gehorsames Werkzeug von Zawis.

4.2.7.7 Merenberg vs. Emmerberg

Man darf bei der Charakteristik auch die Figur des Königsmörders nicht vergessen, obwohl es nicht dieselbe Person ist. Wie schon erwähnt wurde, bei Grillparzer tötet Ottokar der junge Seyfried Merenberg, ein steirischer Ritter, der bei Ottokar bereits von Knabenalter an diente. Der König war für Seyfried ein Muster alles erhabenen Benehmens, sie werden jedoch zu Rivalen in der Liebe zu Berta. Mit der Scheidung von der Königin Margarethe und mit der Abstoßung Bertas, wandelte Seyfrieds Ergebenheit dem König gegenüber in einen heimlichen Hass und später sogar in eine Rachsucht. Er wird mit einem Brief gefangengenommen, in dem sein Vater den Mainzer Erzbischof um Hilfe für Margarethe bittet. Zawisch lässt ihn jedoch wieder laufen und so gelangt Seyfried bei dem neugewählten Kaiser, der die Ordnung und Gerechtigkeit wieder herstellen soll. Unterdessen wird auch sein Vater gefangengenommen und stirbt in Ottokars Kerker, das ist der letzte Anstoß zu der Rache. Obwohl es Rudolf streng untersagt, an König Ottokar Hand zu legen, der Notwehr ausgenommen, sucht ihn Seyfried zusammen mit einem anderen österreichischen Ritter Berthold Schenk von Emerberg auf dem Schlachtfeld aus und schlägt ihn im Gefecht tot.

Bei Horn geht es ebenfalls um eine Rache, allerdings nicht um eine persönliche, sondern um eine rein politische. Der Mörder ist der österreichische Ritter Berthold Schenk von Emmerberg, ein idealer Freund der Freiheit, der, als sein Land in der Unterdrückung sieht, seinem Lehen entsagt und ins Exil geht, wobei er sich darüber bei Rudolf beschwert. Er verhält sich allerdings viel ehrlicher, als zahlreiche Österreicher, die ihre Lehen behalten, aber die versprochene Treue brechen, wie zum Beispiel der rheinische Pfalzgraf, der die deutschen Fürsten repräsentiert. Emerberg hat auch keinen Befehl verweigert, denn der Kaiser hat in Horns zweiter Fassung nicht verboten, Ottokar zu töten. Aber auch Emmerberg hat Ottokar im Selbstwehr getötet. Die Folgen für den Königsmörder sind jedoch in beiden Tragödien dieselben, die Beweggründe ungeachtet: sowohl Merenberg bei Grillparzer als auch Emmerberg bei Horn werden von dem Kaiser ausgewiesen.

4.2.7.8 Prager Bürger

Während Grillparzers Ottokar dem Prager Bürgermeister seine Unwichtigkeit kundmacht, indem er ihn zwingt, beim Ablegen des Harnisches zu helfen, bevorzugt der König Horns die Prager Deputation vor den Reichsgesandten. Die Prager Bürger sind ihrem König ergeben, weil er sie durch Gewähren besonderer Rechte vor dem Adel bevorzugt. Trotzdem protestieren sie gegen die Niederlassung der deutschen Handwerker in der Stadt. In Horns erster Fassung stellten sich die Bürger unter Ottokars Banner und liehen ihm sogar freiwillig ihr Geld, damit er den neuen Feldzug gegen den Kaiser unternehmen kann. Diese Stütze im Bürgerthum fällt jedoch in der zweiten Fassung völlig ab.

4.2.8 Slawisch vs. deutsch

Angesichts des Themas dieser Diplomarbeit ist es noch wichtig, die wichtigsten semantischen Räume, in denen sich die Figuren bewegen und die ihre Charaktere ausmachen, abzugrenzen und vergleichen. Das wichtigste Merkmal in diesem Zusammenhang stellt die Nationalität vor. Obwohl die Angehörigkeit zu einer Nation in der historischen Zeit der beiden Dramen fast keine Rolle spielte, kam diese Frage in der Entstehungszeit beider Dramen zur Geltung und spitzte sich sogar zu. Es war nicht die bloße Angehörigkeit zu der Nation, sondern vielmehr deren Ruf und Charakteristik, die sich aus den Dramen herauslesen ließen und somit Grund der meisten ablehnenden Reaktionen und Kritiken.

Reckzeh verfasste in seinem Kapitel über slawische Charaktere und Begebenheiten[69] anhand der schwarz-weißen Charakteristiken in Grillparzers *König Ottokar* eine dichotomische Gliederung der Figuren nach ihrer nationalen Zugehörigkeit, die allerdings der positiven, bzw. der negativen Charakteristik entspricht. Diese Verteilung der Personen auf deutsch (positiv) und slawisch (negativ) wird allerdings bei Horn etwas abgeschliffen, aber keineswegs gegenteilig. Diese Tatsache bezeugt, dass die nationalistischen Vorurteile bei Horn keine Rolle spielten, wenigstens nicht in der ersten Fassung und die Veränderungen in der zweiten Fassung deuten auch nicht darauf hin.

---

[69] Vgl. Kapitel II.: Slavische Charaktere und Begebenheiten in Grillparzers Dichtung. 1. Ottokars Glück und Ende (Reckzeh, 1929, S. 36)

Dichotomie der semantischen Räume:

slawisch ≈ negativ	deutsch ≈ positiv
Ottokar – Gewaltherrscher	Rudolf – Rechtsgefühl
Kunigunde (Slawin väterlicherseits) – jäh leidenschaftlich, sinnliche Liebe	Margarethe – minder entzündbar, seelische Liebe
Zawisch – egoistisch, zynisch, sinnlich	Seyfried – hingebend, ritterlich, seelisch
Zawisch und Kunigunde – leben dem schönen Augenblick, der Impression, sind die Genießenden	Margarethe und Seyfried – sind die Steten, die Treuen, die sich Opfernden
Die böhmischen Ritter – vierschrötig wie Milota, gewalttätig wie Herbott von Füllenstein, verräterisch schlau wie Zawisch, kupplerisch wie Benesch	Die deutschen Ritter – fromm und hilfsbereit wie der alte Merenberg, Anlehnungsbedürfnis und Heldenverehrung bei Seyfried

4.2.9 Vergleich

In den zwei folgenden Absätzen werden die bedeutenden Ähnlichkeiten und Unterschiede hervorgehoben und zusammengefasst.

4.2.9.1 Ähnlichkeiten

Horn hält in seiner Tragödie das Schema des dramatischen Verlaufes und seiner Logik ein, so wie es Grillparzer aufbaute. Der Inhalt von Horns Drama ist in groben Zügen identisch mit Inhalt des Grillparzerschen Dramas, und zwar nicht nur so, wie sich das bei gleichen Quellen versteht, sondern auch in Dingen, die von dem Dichter selbst abhängen. Beide Autoren zeigen am Anfang Přemysl Otakars[70] Glück (Horn im Vorspiel, Grillparzer in der Exposition) und seine Schuld (Vitold, Margarethe). In beiden Dramen beleidigt Přemysl Otakar seine zweite Frau Kunigunde (Horn im ersten, Grillparzer im zweiten Akt), die in Horns erster Fassung dasselbe falsche Prädikat trägt. Zavis verliebt sich in die Königin Kunigunde (zweiter Akt bei beiden), dem König wird die deutsche Krone angeboten, der sie jedoch ablehnt (bei Horn wirklich, bei Grillparzer bloß zum Schein). Der dritte Akt spielt bei beiden Dichtern im böhmischen dann im deutschen Lager, Přemysl Otakar tritt auf, die Verräter beschimpfend, der weise Ratgeber empfiehlt Frieden, Záviš rät zum Kampf. In der Unterhaltung mit dem Kaiser erfährt Přemysl Otakar, dass Wien sich ergeben hat, Rudolf erzielt durch die Erwähnung Margarethes bei Grillparzer, Vitolds bei Horn, dass Přemysl Otakar Frieden schließt. Im vierten Akt begrüßt die Königin in Záviš' Gesellschaft den heimkehrenden Přemysl Otakar mit Verachtung, sie überzeugt ihren Mann, einen neuen Krieg anzufangen. Der fünfte Akt beginnt im böhmischen Lager, wo sich Unruhe verbreitet, Záviš, Kunigunde

---

[70] Für den Vergleich der Handlungen werden wieder die Namen im Tschechischen als der historischen Personen verwendet, denn es gibt unterschiedliche Namensformen in beiden Dramen.

und Milota verraten den König, der, verlassen im Kampf, getötet wird. In der ersten Fassung von Horn so wie bei Grillparzer bekennt Přemysl Otakar kurz vor dem Tod seine Schuld. Rudolf erweist Ehre dem toten König und verbannt dessen Mörder.

4.2.9.2 Unterschiede

Man sieht, dass Horns Drama, vielleicht gerade, weil es sich bemühte, Grillparzers Drama nicht zu gleichen, beträchtliche Spuren des Einflusses desselben aufweist. Dem Charakter nach ist es jedoch ganz anders, im Unterschied zu Grillparzers historischem Drama ist Horns *König Ottokar* ein politisches Drama. Grillparzer legt dar, was geschehen ist, Horn, was geschehen könnte, oder wenigstens, wie die Zeitgenossen diese Dinge nach ihm hätten sehen sollen. Grillparzer geht von historischen Studien aus, Horn von politischen Erwägungen. Mit den politischen Erwägungen über das Schicksal Preußens füllt er das Vorspiel aus. Ottokar hat sich gegen die politische Idee schuldig gemacht, politisch ist auch der Grund der Unzufriedenheit Kunigundes. Wegen politischer Ursachen, dem Streit des Bürgertums mit dem Adel, entsteht die Unzufriedenheit der Rosenberger. Die politische Erwägung über die Verlagerung des Schwerpunkts des Reiches nach Osten versöhnt Ottokar mit dem Frieden, Erwägungen der gleichen Art entscheiden über die Haltung des Adels gegenüber dem neuen Krieg, ja sogar halbwegs das gleiche über Záviš' Verrat.

Dem Drama Horns sind zahlreiche politische Belehrungen zu entnehmen, die dem König Ottokar das Schicksal, Rudolf von Habsburg und besonders Andreas von Ritschan, laut Prolog „der kluge, verständ'ge Kämmerer, der stets gewusst, was er gewollt", erteilen: die Freiheit aller schonen, sich nicht in fremde Angelegenheiten einmischen, den Preußen keine Religion oder Zivilisation aufzwingen, die sie nicht wollen. In der Innenpolitik soll man das Bürgertum unterstützen und den Adel demütigen, denn er ist verräterisch und egoistisch. Grillparzers Ottokar (und ebenso sein Rudolf) ist sehr entfernt davon, ein „Bürgerkönig" genannt zu werden, wie es Horns Otakar geschehen ist.

Ähnlich findet man bei Grillparzer keine Spur von slawischen politischen Ambitionen des böhmischen Königs. Um die bürgerlichen und die slawischen politischen Motive bereicherte also sein Trauerspiel erst Uffo Horn. Was die Nationalität betrifft, da sind zwei unterschiedliche Konzeptionen angedeutet. Eine vertritt der panslawistisch nach Osten orientierte Patriot Ritschan, der alle Fesseln zerreißen will, die die Böhmen an das deutsche Reich binden, also keine deutsche Krone, keine deutsche Provinz, keinen Deutschen ins Land, sondern die siegreichen Waffen nach Osten richten, die Slawen vom Druck der Ungarn und Griechen erretten, das auseinander gerissene Schlesien einen und die Russen vor den Tataren schützen. Die zweite Konzeption vertritt eben Boresch, der die Erweiterung des Reiches nach Westen befürwortet, die Verbreitung der abendländischen Kultur auf weitere Gebiete und das friedliche Zusammenleben der Böhmen und der Deutschen im Königreich unterstützt. Diese zwei, in Horns *König Otakar* entworfenen, politischen Konzeptionen lassen sich leicht durch diejenigen im Revolutionsjahre 1848 aneinadergestoßenen zu ersetzen, nämlich die nationale und die demokratische Anschauung.

Warum ist also Horns Otakar gestorben? Wegen der geschwörten Rache Vitolds in Preußen oder wegen Verrats des beleidigten Záviš? Sind das nicht nur Vorwände für die eigentliche Schuld Otakars, nämlich dass er die deutsche Krone und damit die friedliche Integration seines Reiches in den Westen abgelehnt hat. So wäre es mindestens seiner politischen Denkart zu entnehmen.

5. Reaktionen

5.1. Grillparzers Ottokar

Wie schon im Kapitel 3.6 erwähnt wurde, erregte Grillparzers *König Ottokar* bereits unter den Böhmen bzw. Tschechen in Wien eine durchaus negative Reaktion, die sich weiter nach Böhmen verbreitete. Im folgenden Kapitel werden einige bedeutenden Reaktionen der wissenschaftlichen und künstlerischen Öffentlichkeit chronologisch angegeben.

Grillparzer selbst habe persönlich gleich nach der Wiener Uraufführung am 19. Februar 1825 eine Menge entrüsteter Briefe bekommen. Einen davon habe er behalten und Kraus zitiert davon einige Schimpfwörter. Dieser Brief wurde von einem gewissen Stanislaw Declinowsky unterschrieben, nach Kraus, von einem belesenen und in der Geschichte gebildetem Mann. Er ließ sich jedoch von seiner Empörung hinreißen und statt Grillparzer ernsthaft und taktvoll seinen Standpunkt darzulegen, wirft er mit Worten wie „Lügner", „Betrüger", „frecher Unmensch", „schändliche Darstellung", „niederträchtig", „Unwissenheit", „Dummheit", „Mauldrescher" usw. um sich (Kraus, 1999, S. 368). Der Schreiber drückt sich in dem Sinne aus, dass die Slawen die Lehrer der Deutschen gewesen seien, die auf der faulen Bärenhaut lagen und sich nur im Räubereien auskannten (Kraus, 1999, S. 369).

Den Kritikern ging es allerdings nicht so sehr um eine historische Missbildung des Königs Přemysl Otakar oder um ungenaue oder falsche Faktographie, sondern viel mehr um die Charakteristik des böhmischen Volkes. Und in dieser Gegenwehr, in diesem Zorn war das Volk völlig eins, angefangen bei den jungen Leuten, die dem Dichter grobe Briefe schickten, bis hin zu den erfahrenen Greisen, die die Zeit der Leidenschaften schon lange hinter sich gebracht hatten, überall das gleiche Gefühl.

Am 10. März 1825, kurz nach der Uraufführung in Wien, äußert sich Johann Georg Meinert[71] in einem Brief an Joseph Dobrovský:

Ich glaube, der Dichter in mir ist verblüht, u doch, wenn ich wieder diesen Grillparzerschen Ottokar lese, regt es sich in Mir sattsam genug, daß ich mir getraue etwas weit Tüchtigeres zu leisten. G. ist an dem Tragischen seines Stoffes ganz vorübergegangen u sein O. ist Hanswurst, Verbrecher, Büßender – Alles nur nicht der Held eines Trauerspiels, bei welchem denn auch fleißig gelacht wurde geklatscht noch mehr wegen seiner politischen Beziehungen. (zitiert nach Höhne, 2008, S. 43)

---

[71] **Johann Georg Meinert** (1773 – 1844) Kulturhistoriker und Volksliedsammler, Professor der Ästhetik an der Prager Universität, 1801 gab er hist.-belletristische Zeitschrift *Der böhmische Wandersmann*, gleichzeitig in tschechischer Sprache unter dem Titel *Český poutník* und 1802 – 1804 vaterländische Vierteljahrsschrift *Libussa*, mit Eichendorf und Brentano befreundet (ÖBL 6, 1975, S. 195).

Eine der ersten Reaktion schrieb auch der damals 26jährige tschechische Dichter und Übersetzer František Ladislav Čelakovský, er kommentierte die Erscheinung von *Ottokar* in einem Brief vom 25. März 1825:

Vydal nějaký hanebný básniřík německý svou novou hru: Ottokara, v níž velmi hanebně o národu českém mluví. Jméno jeho Grilparcer. O té se tu mnoho hlaholí, ano i stavové se cítí uraženými. (Tureček, 2001, S. 55).

Čelakovský verstümmelte absichtlich Grillparzers Name und schreibt über ihn, als über einem völlig unbekannten Dichter, obwohl er die, in den Weihnachten 1824 in Prag erfolgreich aufgeführte *Ahnfrau* in tschechischer Übersetzung als *Pramáti,* sehr gut gekannt haben muss (Tureček, 2001, S. 55). Čelakovský habe auch später im Jahre 1831 Grillparzer als „básník, jehož jméno českým ústům vysloviti tvrdo i hanebno" bezeichnet (Kraus, 1999, S. 369).

Einer von den „beleidigten Ständen" war Kaspar Graf Sternberg, Vertreter des Bohemismus und Gründer des Prager Nationalmuseums, er schrieb am 27. März 1825 an Goethe:

Der österreichische Ottokar von Grillparzer, der in Wien so sehr beklatscht wurde, will uns nicht gefallen, nicht weil er über Böhmen schimpft, sondern weilen er zu oft ins Triviale fällt, und der Geschichte entgegen die Königin Margarethe 12 Jahre nach ihrem Tode noch in der Bahre auftreten lässt, um einen Theatereffect hervorzubringen. (zitiert nach Kraus, 1999, S. 370)

Ähnlich äußerte sich nach der Erscheinung *König Ottokars* auch der Philologe und Slawist Josef Dobrovský. In seinem Brief an den Grafen Černin schrieb er 1826 Folgendes:

Unser Ottokar ist diess, so weit wir ihn geschichtlich kennen, gewiss nicht. Mussten denn, den Kanzler Bruno ausgenommen, alle als toll und närrisch dargestellt werden? um Rudolfeus zu haben? Musste denn die todte Margareth den Lauf der Schlacht unterbrechen, um den Ottokar zu bekehren, damit er etwa ohne Busse zum Teufel fahre. Was das für ein Verbrechen ist, eine sterile Frau mit Ehren heim gehen zu lassen, und eine andere, von der man Erben hoffen konnte, zu wählen. Die wohlfeilste Dirne in Wien, wenn sie an der Stelle der Cunigunde wäre, würde sich nicht so unwürdig betragen. Auch möchten die blinden Fensterscheiben, hinter denen die Böhmen zechen, nicht viel schlechter oder gar nicht schlechter gewesen sein, als in Wien zu jener Zeit. Aber wer möchte mit einem Dichterwerk es so genau nehmen. Man findet es jedoch hier (dopis jest z Prahy) allgemein sehr unzart, gar nicht schonend, so ein Werk zur Vorstellung zugelassen zu haben. (Čas XI, 1897, S. 83f)

Diese Stimmen der gebildeten deutschböhmischen Vertreter des Bohemismus schiebt zwar ihre Verstimmtheit auf die ästhetischen und historischen Mängel des Stückes, man spürt jedoch den Hauptgrund wo anders. Sie wurden in ihrem landespatriotischen Gefühl unangenehm berührt.

Ein gewisser Joseph Schön[72] lobt 1828 in der Rubrik *Kleinigkeiten* der Prager deutschen *Unterhaltungsblättern*[73] Hormayrs positive Schilderung „unseres Pržemisl Ottokars II." in seiner *Geschichte Wiens* und verweist mit einer unzweideutigen Anspielung auf Grillparzer:

Er [Přemysl Otakar II.] *wird als der zweite Gründer Wiens erwiesen und gerühmt, und dieser von Feind und Freund geachtete oder wenigstens gefürchtete, große König und Herzog von Oesterreich, verdient in seiner neu gegründeten Hauptstadt, wenn nicht eine Bildsäule, wenigstens mehr achtungsvolle Rücksicht im Theater, als er die letzten Jahre her daselbst erfahren. Durch die Herabsetzung des Besiegten gewinnt der Sieger nicht; sondern dieser wird vielmehr größer, je größer der Besiegte war. Otakar, dem das bürgerliche Leben seiner Zeit so viel verdankte, der in dieser Hinsicht sich sehr väterlich bewies, von dem man so manches Herrliche weiß, würde durch die Folgen gekränkter Eitelkeit, eines zur unrechten Zeit angebrachten hochfahrenden Sinnes fallend, dramatisch mehr wirken, als der Sturz eines rohen, übermütigen Rasenden.* (Schön, 1828, S. 2)

Die Reaktion der böhmischen künstlerischen Öffentlichkeit lässt sich nicht nur auf einzelne kritischen Aussagen beschränken, es gibt zahlreiche indirekte Reaktionen in Form eigener literarischen Produktion. Aus dem Brief Eberts an Palacký lässt sich schließen, dass Ebert sein Drama *Bretislaw und Jutta* (1828) als Gegenmodell zu Grillparzers *König Ottokars Glück und Ende* konzipierte:

Biete auf, was Du kannst, um uns durch den Ottokar sehr in den Hintergrund gestellte Böhmen einigermaßen wieder in unsere Rechte einzusetzen. (zitiert nach Höhne, 2008, S. 50)

Unter den tschechisch schreibenden Autoren finden sich noch mehrere Belege dieser indirekten, zum eigenen Schaffen anregenden, Reaktion. Nach Antonín Měšťan begann bald nach der Uraufführung des Dramas *König Ottokars Glück und Ende* in tschechischen literarischen Werken eine Welle der Idealisierung des böhmischen Herrschers als Antwort auf Grillparzers Werk. So veröffentlichte 1835 die populäre tschechische literarische Zeitschrift *Květy* eine historische Novelle *Ctibor z Dolan* von Jan Formánek Činoveský (1809 – 1878). Einige solche Werke blieben ungedruckt wie z. B. ein Drama über Přemysl Ottokar II. von Šebestián Hněvkovský (1770 – 1847). František Jaroslav Vacek (1806 – 1869) gab seinen *Přemysl Ottokar II.* (ohne Jahresangabe) heraus. Der sehr populäre Dramatiker Václav Kliment Klicpera (1792 – 1859) reagierte auf das Werk Grillparzers mit seinem Drama *Věnceslava* (1834) und Šimon Karel Macháček (1799 – 1846) noch im Jahre 1846 mit dem Drama *Záviš Vítkovec, pán z Růže* (Měšťan, 1995, S. 137f).

---

[72] **Josef Schön** (1790 – 1830) tschechischer Schriftsteller, Gymnasialprofessor für Rhetorik und Dichterkunst, Forschung in regionalen Archiven, Beiträge im *Jahrbuch des böhm. Museums* und Hormayers *Archiv* (Otto 23, 1905, S. 30).
[73] Nr. 20 vom 7. März 1828, S. 2, erschien ab 1830 als *Bohemia*.

Irgendwann zwischen den Jahren 1838 und 1842 erschien in Hamburg das anonyme Pamphlet *Oesterreichischer Parnass bestiegen von einem heruntergekommenen Antiquar*, dessen Autorschaft gerade Horn zugeschrieben wird[74]. Der Autor beschreibt unter anderen Dichtern auch Grillparzer und charakterisiert ihn folgend:

Bleich, schwarzes Haar, österreichische Phisiognomie, angenehmes Lächeln, trüb, verschlossen, geht viel mit Philistern um, grollend, ewig bewegte Phantasie, aus Furcht Patriot, klassisches Wissen und Studium, wenig Erfindung in seinen Dramen, aber viel Poesie, geliebt und geachtet, bereits unfruchtbar, zerfallen mit sich selbst und unthätig; Hagestolz. (zitiert nach Vavroušek, 2007, S. 113f)

In der Aufzählung Grillparzers Werke in diesem Pamphlet steht neben dem *Ottokar* ein kurzer Kommentar: „ein tragisches Gelegenheitsgedicht (ex officio et jussu zur Verherrlichung der Habsburger! Pfui!)" (zitiert nach Vavroušek, 2007, S. 114).

Im Almanach *Libussa* aus dem Jahre 1859 erschein der Aufsatz *Böhmens „Ottokar" als dramatischer Stoff; mit besonderer Beziehung auf Uffo Horn's neueste Bearbeitung* von Dr. Legis-Glückselig[75]. Nach ihm sei Grillparzers Auffassung Ottokars nicht völlig geschichtstreu, „auch so ganz vormärzlich, daß von Freiheit nirgends eine Spur erscheint, und es folglich nur einzelnen patriotischen Anspielungen und Sentenzen zuzuschreiben ist, wenn Grillparzer's Stück ein Furore machte ohne Gleichen" (Glückselig, 1859, S. 279).

Grillparzers *Ottokar* wurde nie ins Tschechische vollständig[76] übersetzt und auf dem tschechisch sprechenden Gebiet wurde das Trauerspiel außer Brünn (18. Juni 1827)[77] nur noch in Prag inszeniert und zwar am Ostersonntag, dem 9. April 1871. In der Beilage des Prager deutschen Tagblatt *Bohemia* erschien am Tag der Aufführung ein Artikel zur Verteidigung und als Lob Grillparzers, der im Januar 1871 seinen 80. Geburtstag feierte. Dieses Jubiläum diente eben als Anregung zu dieser Prager Uraufführung, die als Wohltätigkeitsvorstellung „zum Besten des Frauenerwerbvereines im deutschen Landestheater" stattfand, und die „für Prag ein Theaterereigniß im edlern Sinne dieses oft mißbrauchten Wortes" sein sollte (Bohemia, 1871, S. 1287). Die Vorstellung war noch dadurch außergewöhnlich, da sich der Hauptdarsteller des Königs Ottokar mit dieser Rolle von seiner Karriere verabschiedete.

---

[74] Vgl. Kapitel 5.1 in Vavroušek, 2007, S. 36.
[75] **Gustav Thormund,** eigentl. **August Anton Glückselig** (1806 – 1867), deutscher Schriftsteller, Slawist, Historiograf, Kunsthistoriker und Archivar, wirkte in Leipzig und Prag (Otto 15, 1900, S. 794f).
[76] Einige übersetzte Passagen befinden sich in Frič's *Povahopisná studie* in *Květy* (Frič, 1889).
[77] Siehe Kapitel **2.5 Zensur – Vorzeichen der Reaktion,** S. 23.

Der Artikel in Bohemia erinnert an die „kurzsichtige Beurteilung" und „den härtesten Vorwurf, der einen Dichter treffen kann, jener des Servilismus. Heute fällt es freilich keinem gebildeten und ehrenhaften Menschen mehr ein, Grillparzer der Servilität zu beschuldigen. Er selbst hat diese Verdächtigung, die sich in einer trüben und unklaren Zeit gegen ihn erhob, durch sein nachfolgendes, fast halbhundertjähriges Leben als Mensch und Dichter, das er in einer geradezu unnahbaren Abgeschlossenheit und Selbstständigkeit verbrachte, am Besten widerlegt" (Bohemia, 1871, S. 1287). Das Lob Grillparzers und dessen Trauerspiels wird weiter geführt, in dem die Rede zuerst über Rudolf ist, über „eine der populärsten Fürstengestalten Oesterreichs, den Gründer des Reiches" (Bohemia, 1871, S. 1287). Es wird dargestellt, wie er von seinen dankbaren Zeitgenossen geschildert worden ist und wie er in der Erinnerung des Volkes fortlebt. Bezeichne man dies als „Servilismus", „so könnte ebenso gut oder mit noch vielmehr Grund Shakespeare wegen seines ‚Heinrich VIII.' servil genannt werden" (Bohemia, 1871, S. 1287).

Erst an zweiter Stelle wird der Titelheld König Ottokar etwas klischeehaft und vorsichtig charakterisiert:

Neben Rudolph von Habsburg steht in der Tragödie Přemysl Otakar II., bekanntlich eine der glänzendsten Erscheinung der böhmischen Geschichte; Grillparzer hat eben in der Schilderung der Rivalität Beider seinen hohen und reinen Dichterberuf dadurch bewiesen, dass er für keinen von ihnen in tendenziösem Sinne Partei ergriff, dass er jeden in seiner Art bedeutend und groß darstellt und die Entscheidung zwischen ihnen nur durch die poetische Gerechtigkeit des historischen Schicksals vollziehen ließ. (Bohemia, 1871, 1287)

Selbst mit der Behauptung, dass sich Grillparzer „streng an die Chronisten jener Zeit gehalten" habe, „besonders an jenen österreichischen Chronisten Ottokar, genannt von Horneck, der auch in dem Stücke selbst auftritt und gleichfalls ein Schriftsteller von dichterischer Begabung war", soll die Glaubwürdigkeit des dichtenden Chronist in Frage stellen (Bohemia, 1871, S. 1287).

In der folgenden Charakteristik Ottokars bemüht sich Autor des Artikels Ursachen jenes „härtesten Vorwurfs" gegen Grillparzer zu erklären.

Ottokar erscheint in dem Stücke als geistig bedeutender Held mit großartigen Absichten; dass Redewendungen, die er selbst gebraucht und die seinen Handlungen und seinem historischen Charakter vollkommen entsprechen, gewissen Tendenzen, die heute im Schwange sind, widerstreiten und dieselben verurtheilen, das konnte denn doch der Dichter vor 45 Jahren nicht in tendentiöser Weise beabsichtigt haben und das könnte auch kein Grund seyn, die hießige Aufführung seines Stückes in unseren Tagen unangezeigt zu finden. Es beweist dies eben nur, dass wahre Dichter oft in wunderbarer Weise zu Propheten werden. Mit einem Worte: „König Ottokar" ist ein wahres österreichisches Volkstück von echter historischer Lebendigkeit und Thatkraft. (Bohemia, 1871, 1287)

Gleich am 11. und 12. April 1871 erschien in *Bohemia* die Rezension, die vor allem die künstlerische Leistung des Hauptdarstellers, des Herrn Hallenstein, in den Vordergrund stellt.

Der Rezensent kommentierte auch die Atmosphäre, in der das Schauspiel inszeniert wurde und macht eine Anspielung auf das Verhalten des Publikums, das in tschechischen Zeitungen[78] vielmehr besprochen wird als die Inszenierung selbst.

Jene, welche diese großartige Schöpfung von wahrhaft Shakespeare'scher Großheit in der Anlage, in der Erfindung und in der Mannigfaltigkeit der Charaktere als ein Pasquill auf eine Nation Oesterreichs verschrieen hatten, konnten sich, wenn sie es würdigten, der Aufführung anzuwohnen, nicht nur von der Unrichtigkeit ihrer Ansicht überzeugen und sehen, wie unser herrlicher Dichter mit gleicher Gerechtigkeit die Altböhmen wegen ihres nationalen Fanatismus und die Wiener ob ihres Leckermauls geißelt, sie konnten auch den vorzüglichen Tact unseres Publicums bewundern, welches jene verfänglichen Stellen über deutsche Cultur, so schmeichelhaft sie dem deutschen Ohre klingen müssen, mit anerkennenswerther besonnener Ruhe und Zurückhaltung aufnahm und durch dieses Schweigen ein beredtes Zeugniß davon ablegte, dass die deutsche Kraft keines künstlichen Reizes einer kindischen Demonstration bedarf, um sich ihrer selbst bewusst zu werden (Bohemia, 1871, S. 1309).

Die Rezension konzentriert sich dann hauptsächlich auf die Leistungen der Schauspieler, indem sie die weiblichen Rollen und die fehlende Regie stark kritisiert. Zum Schluss wird noch einmal die Reaktion des Publikums zusammengefasst:

Das Publicum war in der gehobensten Stimmung; die herrlichen Stellen über den Beruf Oesterreichs und seiner Machthaber wurden stark applaudirt. Der Direction ist für die Aufführung im Namen aller Freunde echter Kunst verdienter Dank auszusprechen (Bohemia, 1871, S. 1320).

Der Apologie in der Prager deutschen Presse steht eine kurze Nachricht in der Rubrik Tageschronik im tschechischen *Posel z Prahy* vom 11. April 1871 entgegen:

K předvčerejšímu představení Grillparzrova český národ hrubě urážejícího hrou „Krále Otakara sláva a smrt" na zdejším divadle německém dostavilo se několik tuctů policejních strážníků z obavy před nějakou demonstrací. Přes to vše dalo obecenstvo při každé příležitosti, kdy nešetrné se činily nájezdy na národ český a jeho minulost, nevoli svou hlukem a pískotem na jevo. (Posel z Prahy, 1871, S. 2)

Im ähnlichen Sinne berichtet auch das Prager Tagblatt *Národní listy* am nächsten Tag, dem 12. April:

V německém divadle dáván byl v neděli Grillparzerův kus „Krále Otakara sláva a smrt". V kuse tom hrubě uráží se národ český. Jelikož policie obávala se všech možných demonstrací, bylo dle věrohodných zpráv asi ke stu strážníků v divadle, dílem v uniformách, dílem v šatu občanském. Páni na policii neměli však ani na tom dosti, vždyť konsignovali mužstvo nejen v kasárnách policejních, ale i vojsko v některých kasárnách pražských, aby jen řečený kus šťastně mohl být ku konci dohrán. (Národní listy, 1871, nicht paginiert)

---

[78] Vgl. *Posel z Prahy* und *Národní listy*.

Diese zwei unterschiedlichen Kommentare über die Aufführung *König Ottokars* bezeugen klar die höchst problematische Stellung nicht nur dieses Trauerspiels, sondern Grillparzers in Böhmen überhaupt. Der Widerhall des tschechischen Publikums sei so negativ gewesen, dass das Stück keine Reprise hatte, und der Darsteller Ottokars habe gleich nach der Premiere erkrankt (Černý, 1994, S. 160). Die Tschechen ignorierten das Theaterstück als dramatisches Kunstwerk und zeigten ihre Verachtung für dessen Autor, der sie damit bewusst zu beleidigen beabsichtige, wie sie davon überzeugt waren. Im Prager deutschen Milieu überwog andererseits für den österreichischen Patrioten Grillparzer und seinen *König Ottokar* eine gewisse Sympathie, auch wenn keine übertriebene.

Die Zeit jedoch milderte den Widerstand, und etwa zwei Jahre nach der Prager Uraufführung schrieb Bozděch[79] ein objektives Urteil über das Drama, in dem er zugab, dass sich der vollkommene, ideale Přemysl Otakar Palackýs nicht für solche dichterische Bearbeitung eignete. Bozděchs seriöse Studie erschien in der Prager deutschen Tagblatt *Politik* im Jahre 1873 in fünf Fortsetzungen unter dem Titel *Das Verhältniß Grillparzer's zu den böhmischen dramatischen Stoffen*. Er bietet einen ausführlichen historischen Exkurs in die Zeit, in der Grillaprzers *König Ottokar* spielt. Bozděch benutzt dabei Palackýs *Geschichte von Böhmen*[80] und stellt diese historische Schilderung neben die zusammengefasste Handlung des Trauerspiels. Damit wird klar, wie Grillparzer „die Begebenheiten nach Bedürfniß geordnet, zu den Handlungen Motive hinzugebracht, die Characktere verstärkt und gehoben, die Situationen zugespitzt und dramatisch wirksam gestaltet" hat (Bozděch, 1873, Nr. 297). Bozděch empfindet auch die steirische Reimchronik von Ottokar Horneck als die problematischste Quelle, denn sie ist nach Palacký „viel mehr ein poetisches als ein historisches Werk" und eben dieser poetische Wert habe Grillparzer so mächtig angezogen. Dasselbe kann man jedoch auch über sein Trauerspiel selbst sagen und Bozděch gibt auch zu Grillparzers Verteidigung an, dass „der Dichter die Fabeln Horneck`s nur soweit benutzte, als nöthig war, um den Regeln der Dramaturgie zu genügen und dramatische Wirkungen zu erzielen" (Bozděch, 1873, Nr. 297). Bozděch erwähnt auch den „ungünstigen Eindruck", der Grillparzers Trauerspiel „aus begreiflichen Gründen machte", denn „sein Ottokar trägt [...] andere Züge, als jenes Ideal, welches sich ein patriotisches Gemüth von dem glänzendsten Přemysliden zu schaffen pflegt und welches Palacký mit blendenden Farben verewigt hat" (Bozděch, 1873, Nr. 300). Vor allem „die Demüthigung des hochfahrenden Sinnes bei der

---

[79] **Bozděch, Emanuel** (1841 - 1889?), tschechischer Dramatiker, Übersetzer und Rezensent, Dramaturg des Tschechischen Interimstheaters (MČE1, 1984, S. 539).
[80] Der Band 2, Abteilung 1, das die Jahre 1197 – 1306 behandelt erschien in Prag im Jahre 1847.

Zusammenkunft mit Rudolf muß freilich jedes böhmische Herz unangenehm berühren" (Bozděch, 1873, Nr. 300). Und noch einmal verficht entbrannt der Dramatiker Bozděch seinen Kollegen Grillparzer.

Dieser Ottokar ist freilich nicht so ehrwürdig, nicht so erhaben, nicht so tadellos wie der Palacký's. Ist darum der österreichische Dichter dem Böhmenkönige zu nahe getreten? Nein. Den Ottokar Palacký's konnte der dramatische Dichter als Helden seiner Tragödie einfach nicht brauchen. Warum? Weil ein solcher kein fleckenloses Wesen sein darf, weil auf einem solchen eine Schuld lasten muß, damit wir begreifen, warum über ihn das Verderben hereinbricht. Er konnte ihn nicht brauchen, ebenso wenig wie den Ottokar des Reimchronikers von Horneck. (Bozděch, 1873, Nr. 300)

Am 11. Juni 1881 wurde das Prager Nationaltheater mit der Uraufführung der Oper *Libussa* von Bedřich Smetana feierlich eröffnet. Das Libretto war Übersetzung eines deutschen Textes von Josef Wenzig (1807 – 1876). In der Prophezeiung der Fürstin Libussa bei Wenzig befindet sich unter anderem auch eine Anspielung auf den Städtegründer und „edler Volksfreund" König Přemysl Otakar II. Antonín Měšťan interpretiert dies als „eine klare, direkte Antwort auf das Theaterstück *König Ottokars Glück und Ende* von Grillparzer (Měšťan, 1995, S. 146).

Nach der relativen Beruhigung der Erregung erklingt aus den Worten von J. V. Frič erneut der alte Widerstand. Frič teilte im Jahre 1888 seinem Freund J. Ladecký[81] mit, dass er einen Artikel über Franz Grillparzer schreiben wird:

Byloť dávnou mou touhou probrati kdesi jednou Grillparzerovy dramatické spisy a posvítit si nejen na téhož hnusné lokajství, nýbrž i na to, jak ublížil našemu Velkému Otakárovi atd. Studie taková byla by pro nás i jinak užitečná, i byl bych tomu skutečně rád, kdybyste mi chtěl tu zprávu v Thalii uveřejňovat. Požadovati však bude jistého času, protože nedám se do článků, dokud celého Grillparzera neprolouskám." (Cvejn, 1955, S. 282)

Diese Studie erschien ein Jahr später in der Zeitschrift *Květy*[82], Frič befasst sich hier mit allen Dramen von Grillparzer und im Absatz über *König Ottokar* analysiert er Grillparzers ambivalente Äußerungen über die Böhmen, bzw. Tschechen, deren Geschichte und deren Nationalbewegung. Äußerst entrüstet drückt sich Frič zu Grillparzers Bewertung von Palacký[83] aus:

---

[81] **Jan Ladecký** (1861 – 1907) tschechischer Theaterkritiker, Dramaturg, Dramatiker und Übersetzer, organisierte das tschechische Laientheater, gründete und redigierte die Zeitschrift *Thalia* (MČE 3, 1986, S. 702f).
[82] *Grillparzer. Povahopisná i dramatická studie od Jos. V. Friče* In: Květy, Jg. XI, Buch XXIII, 1889, S. 481.
[83] Grillparzers Aussagen über Palacký und der tschechischen Nationalbewegung bearbeitete Reckzeh, 1929, S. 4f oder Höhne, 2008, S. 45ff.

Byl prý to hlavně P a l a c k ý, který nám všem hlavy popletl. A čímž byl náš historiograf! – Německou vědou prosáklý a svedený polobarbar! – Šílená jeho myšlénka zfederalizování Rakouska na štěstí ani u většiny krajanů jeho nedošla prý souhlasu.(Frič, 1889, S. 483)

Zum Schluss bewertet Frič Grillparzer sehr negativ und kritisiert unter anderem, dass er die österreichischen Quellen bevorzugte und seinen Ottokar somit sehr einseitig und damit auch verstümmelt darstellte. Letztendlich bezichtigt er ihn der Lobhudelei zugunsten der Habsburger.

Autor, který o naší národnosti tak pohrdlivě soudí, zda-liž mohl se pohroužiti s pietou v naší minulost, zvláště když pohlížel na nejchoulostivější a nejosudnější v ní katastrofu, tragické pokoření českého krále-bohatýra, brejlemi stranických kronikářů a pochlebníků vítězného císaře, [...] Všimneme-li si mimo to vlastního přiznání Grillparzerova, kterýž divě se obtížím, jaké mu censura činila, sám se obviňuje, že panující rod, kdyby si byl chtěl objednati pochlebníka, nenalezl by dojista vhodnějšího, neboť celému ději dal tak příznivý obrat, jaký z dramatické nutnosti celku vůbec vyvésti mohl...musíme uznati, že je Grillparzer z úmyslného atentátu na dobré jméno poraženého krále českého usvědčen. (Frič, 1889, S. 484)

Hinter dieser Einleitung folgt dann eine ausführliche Zusammenfassung der Handlung mit einigen wichtigeren, ins Tschechische übersetzten, Passagen. Frič weist in einigen Anmerkungen darauf hin, dass obwohl Grillparzer die historischen Quellen zur Verfügung hatte, hielt er sich an die historische Wirklichkeit nicht (Frič, 1889, S. 607f).

In der zugespitzten Atmosphäre der missglückten Verhandlungen über den österreichisch-tschechischen Ausgleich wollte die Stadt Wien 1891 *König Ottokars Glück und Ende* in Wiener Volkstheater zu Grillparzers 100. Geburtstag aufführen. Bereits am 13. Januar 1891 habe sich in der Wiener Gemeindeversammlung eine erregte Debatte über Bewilligung von 4000 fl. für vier Vorstellungen des Dramas *König Ottokars Glück und Ende* von Grillparzer im Volkstheater entflammt. Die Opposition protestierte dagegen und wies auf die Tausenden Hungernden in Wien hin und wollte das Geld den proletarischen Arbeitern und den arbeitslosen Kleinwirtschaftern übergeben. Die Bewilligung wurde trotzdem mit einer knappen Mehrheit durchgesetzt. Die Prager *Národní listy* berichteten:

Představení budou se odbývati ve všední dni odpoledne a na všech bude se provozovati vzpomenutá protičeská truchlohra. (Národní listy 14, 1891, nicht paginiert)

In der Nachmittagsausgabe erschien ein äußerst entrüsteter Artikel:

Přemysla Otakara štěstí a konec. V době, kdy ve Vídni tisíce hynou hladem, usnesla se tamější výtečná městská rada uspořádat na náklad obce pro lid čtyři velká představení Grillparzerova dramatu „Krále Otakara štěstí a konec". Nejsme tak malichernými, abychom pozastavovali se a cítili se dotknuti snad provozováním kostrbaté rýmovačky, na níž nejméně zálibu najdou Vídeňáci, odchovaní v dýmu tabáku a při švechatském „Abzugu" veselými odrhovačkami. Přemysl Otakar nepatří jen nám, patří historii. Zhynul tragickou vinou rodu svého, jenž hromadným povoláním Němců do země položil základ k vlastnímu pádu a k staletým zápasům, jež dosud nejsou dobojovány; však jiná věc jest, jaká intence vede při tom ty, kteří nyní vynášejí do nebe toho ubohého Grillparzera. Není to ani umělecká cena toho jeho „Otakara" ani raubířská historie o „šlechetném loupežníku Jaromíru", nýbrž jest to ona starorakouská zášť proti národu našemu, která tohoto byrokratického veršotepce provází jeho pracemi. Potupit, pohanět národ český, to je účel lidí, kteří mají ve své pokladně dosti peněz na rozplamenění protičeské zášti, přes to, že v jejich švindléřském městě, jež rozšířili nyní, aby bylo zrovna tak veliké jako Peking, na polovinu Dolního Rakouska, nemají tisícové ani slupek brambor. – Což aby v odvetu uspořádali jsme ku zesílení národního vědomí českého a k povzbuzení mysle lidu našeho na Národním divadle několik lidových představení „Jana Žižky"? (Národní listy 14, 1891, nicht paginiert)

Die Protestwelle in Wien muss jedoch ziemlich stark gewesen sein, denn am 16. Januar brachten *Národní listy* folgende Nachricht:

Ředitelství „Deutsches Volkstheateru" oznámilo purkmistru dru. Prixovi, že následkem odporu opposice v obecním zastupitelstvu neuspořádá zmíněná 4 představení pro lid, na nichž se měla hráti Grillparzerova truchlohra „Krále Otakara štěstí a pád" a na něž povoleny 4000 zl. Ohlásilo, že podporu tu zamítá, že však na vlastní účet uspořádá 24. t. m. odpolední představení téže truchlohry pro studující středních škol (Národní listy 16, 1891, nicht paginiert).

Die repräsentative tschechische Enzyklopädie *Ottův slovník naučný* hat unter dem Stichwort „Grillparzer" (verfasst von Arnošt Kraus, erschienen 1896) folgenden Satz gebracht, der die Lage in Böhmen charakterisierte:

Vlivem Hormayrovým, který vyzýval rakouské básníky, aby spracovávali látky z dějin domácích, vznikl po dlouhých studiích, zvláště kroniky Otakarovy (Horneckovy), König Ottokars Glück und Ende (1825), drama dynastické, jehož vlastním hrdinou jest Rudolf Habsburský. Ne tak postava Otakarova, jako celkový názor na českou národnost, nepovznášející se nad povrchní názor Vídeňáků, vzbudil v Čechách velikou nevoli, které ani nejmírnější lidé (jako na př. hrabě Kašpar Sternberk) nebyli prosti. (Otto 10, 1896, S. 487)

Der Prager Germanist Arnošt Kraus widmete sich dem Trauerspiel Grillparzers noch ausführlicher am Anfang des 20. Jahrhunderts in seiner umfassenden Abhandlung *Alte Geschichte Böhmens in der deutschen Literatur*[84]:

Grillparzers Přemysl Otakar ist nicht so, wie ihn der Dichter haben wollte. Grillparzer wollte den großen Mann zeichnen, den Eroberer, Napoleon, er sollte durch seinen verschuldeten Fall tragisch wirken, aber das ist ihm nicht gelungen; Přemysl Otakar wurde etwas, was er nicht sein sollte. [...] Und wollen wir begreifen (und begreifen bedeutet verzeihen) wieso sich Grillparzer so ganz naiv verhalten konnte, müssen wir [eine Tatsache einsehen]. *Přemysl Otakar und seine Böhmen [...] sah der Dichter so, wie ein echter Wiener die Tschechen und die Ungarn.* (Kraus, 1999, S. 354, 362)

Einen bedeutenden Einfluss auf die Rezeption Grillparzers in Böhmen hatten natürlich die politische Situation und die momentane Lage der Beziehungen zu den deutschsprechenden Nachbarn. In der Atmosphäre der nazistischen Okkupation wurden nach langer Pause auf der

---

[84] Erschien im Tschechischen zum ersten Mal 1902.

ersten Szene des Prager Nationaltheaters gleich zwei Grillparzers Dramen in der tschechischen Übersetzung uraufgeführt: Im November 1941 *Weh' dem der lügt* und im Oktober 1943 *Der Traum ein Leben*. Keiner Kritiker erwähnte damals die problematische Beziehung zu dem österreichischen Dichter und noch mehr, Josef Träger schrieb sogar, Grillparzer „je nám blízký v dramatech o Libuši a Přemyslu Otakaru II. svým zájmem o české látky" (Černý, 2000, S. 343f).

In der letzten tschechischen Monographie über Přemysl Otakar II. findet man ebenfalls eine Erwähnung über Grillparzers Trauerspiel, „v níž Přemysl Otakar II. vystupuje jako tyran a druhý Napoleon, který zaslouženě podlehne v boji proti ochránci práva a Svaté říše římské Rudolfu Habsburskému" (Kofránková, 2006, S. 137). Über die Wirkung des Theaterstücks auf die Tschechen schreibt Autorin der Monographie folgendermaßen:

Grillparzerova nacionální protinapoleónská agitka, zakončená zvoláním „Habsburg für immer" (Habsburk navěky), působila na českou národní komunitu jako červená barva před očima býka. (Kofránková, 2006, S. 138)

Ein gewisses Interesse erweckte in Tschechien auch die letzte österreichische Inszenierung des Grillparzerschen Trauerspiels in der Regie von Martin Kušej. Diese neueste Inszenierung wurde auf einem der bekanntesten Musik- und Theaterfestivals Mitteleuropas nämlich auf den Salzburger Festspielen 2005 uraufgeführt. Der Rezensent Pavel Himl[85] vergleicht den Monolog Hornecks im 3. Aufzug mit der Libussa Prophezeiung und erwähnt die bedeutende Stelle in der österreichischen Dichtung, was die Aufführung anlässlich der Wiedereröffnung des Wiener Burgtheaters im Jahre 1955 nachweisen soll. Die modernisierte Vorstellung mit etlichen Reminiszenzen an die aktuelle politisch-gesellschaftliche Lage in Mitteleuropa, beurteilt er insgesamt positiv und empfiehlt sie sogar nach Prag zu übertragen, denn Otakar bleibt Heldenfigur, während Rudolf ein bloßer Reichsbeamte (Himl, 2005, S. 13). Einige Einwände erklingen vielmehr gegen den Kommentar von Jiří Gruša im Programmheft:

Poněkud paušální je i Grušův předpoklad, že Grillparzerovo rozporuplné pojetí je pro „nás" stále nestravitelné. Národní divadlo [...] by podobně neučesanou hru zřejmě vyprodukovat nedokázalo, [...] jistě by si zasloužila přenesení do Prahy například v rámci Divadelního festivalu německého jazyka (a hra samotná by konečně měla být přeložena do češtiny). (Himl, 2005, S. 13)

Die Inszenierung von Salzburger Festspielen wurde im September 2005 ebenfalls im Wiener Burgtheater als Erinnerung an die Wiedereröffnung vor 50 Jahren übertragen. Im März 2006

---

[85] Autor ist Historiker und unterrichtet an Fakultät für humanistische Studien der Karlsuniversität in Prag.

erschien in Brünner literarischem Monatsheft *Host* eine Rezension von Petr Štědroň[86], die jedoch viel kühler oder vielleicht eher ironisch dem österreichischen Publikum entgegen ist:

Kušej [Regisseur] *podává Grillparzerovo drama jako metaforickou všeevropskou fresku.* [...] *Ví také, že v Rakousku rádi vzpomínají na dobu, kdy měli šanci sjednotit střední Evropu do silného státu. Tu ale promarnili arogancí a nacionalistickým elitářstvím. Poučili jsme se v nové Evropě ze starých chyb? Ptá se Kušej. Ne, z inscenace trčí historický pesimismus: vybrat si můžeme jen mezi špatnou a nedobrou cestou. Byrokratická, nabubřelá a konzervativní Evropa srazí expanzivního mocipána. Rakušané přesto tleskají – vzpomínka na moc je přece odjakživa tolik blažila!* (Štědroň, 2006, S. 67)

5.2. Horns Otakar/Ottokar

Jaromír Loužil behauptet, dass die Tragödie Grillparzers *König Ottokars Glück und Ende* für Horn der unmittelbare Anlass zu seinem Trauerspiel *König Otakar* war (Loužil, 1969, S. 193). Daran einen sich allerdings auch andere Literaturhistoriker und Horns Biografen, denn es ist ganz offenbar. Es ging bei Grillparzer allerdings nicht um einen militanten deutschen Nationalismus, wie sich es Horn vielleicht in seiner aufrührerischen Gesinnung erklärt hat. Trotzdem lässt sich schließen, dass das Trauerspiel von Horn selbst als eine der böhmischen Reaktionen auf das Drama von Grillparzer oder vielmehr als dessen Gegendarstellung oder sogar Gegenwehr verfasst wurde.

Die erste Konfrontation Grillparzers mit Horn verfasste bald nach der ersten Auflage Horns im Jahre 1846 W. A. Gerle[87] in seiner Studie *Přemisl Otakar II. und die dramatischen Dichter*[88]. Gerle wirft Grillparzer vor, dass er das Přemysliden-Thema als Österreicher, und Horn wiederum als Böhme bearbeitet hatte, während es einen höheren, kosmopolitischen Standpunkt erfordern würde. Nach Gerles Ansicht macht eben die Schilderung der Tschechen im Gespräch mit dem Prager Bürgermeister im ersten Aufzug die Aufführung in Prag unmöglich (Loužil, 1969, S. 210).

Horns *König Otakar* erschien zum ersten Mal im Jahre 1845 durch das Verdienst seines Freunds Paul Alois Klaar. Klar war ebenfalls Herausgeber des Almanachs *Libussa,* wo das Vorspiel bereits 1844 unter dem Titel *Die drei Fürsten* veröffentlicht wurde. Die drei folgenden Auflagen aus den Jahren 1846, 1850 und 1859 zeugen davon, dass es zu einer „kulturellen und noch mehr zu einer politischen Sensation" wurde (Loužil, 1969, S. 194).

---

[86] Autor ist Dramaturg, Übersetzer und künstlerischer Leiter des Reduta Theaters in Brünn.

[87] **Wilhelm Adolf Gerle** (1783 – 1846 Selbstmord) früh literarisch tätig, Journalist und Lehrer an Prager Konservatorium, Förderer junger böhm. Dichter (M. Hartmann, U. Horn, A. Meissner etc.), redigierte die *Prager Zeitung* (ÖBL1, 1957, S. 426f).

[88] In: Bild und Leben, 1846.

Die *Prager Zeitung* hob den patriotischen Charakter des Hornschen *König Otakars* hervor:

Dieses Dichterwerk verdient in doppelter Weise das Prädikat ‚vaterländisch', einmal wegen des Dichters, eines geborenen Böhmen, und das andere Mal wegen des Stoffes, welcher der böhmischen Geschichte angehört, [...] (Prager Zeitung 1/1846, 4, zitiert nach Höhne, 2008, S. 52)

Eine der ersten Reaktionen auf die Herausgabe *König Otakars* von Horn war die anonyme Rezension in Leipziger *Literatur- und Anzeigeblatt*, Beilage zur Herlossohns Zeitschrift *Komet*[89] aus dem Jahre 1846, die die Buße des sterbenden Königs mit den Worten „Das tut kein Otakar!" ablehnt (Loužil, 1969, S. 208 Anm. 18). Es ist nicht uninteressant, dass Horn in der zweiten umgearbeiteten Fassung diese Szene ganz ausgelassen hat.

Für den Almanach *Libussa* 1849 verfasste Hansgirg[90] eine ausführliche Biographie von Horn. Mit einigen Einwänden hält er den *König Otakar* für „die vollste, schönste und reichste Frucht vom Baume seiner Muse" (Hansgirg, 1849, S. 409):

Farbiger, glühender hätte der mit derselben Conception umgehende 22jährige Jüngling den Ottokar villeicht geschrieben, aber nicht ernster, männlicher, würdiger, nicht mit dem Aufwande des auf Details gewendeten Studiums, nicht mit der Vertrautheit des historischen Standpunktes, nicht mit jenem Stoicismus, welche Bilderpracht der Sprache, Gepränge des Wortes und Lyrik der Situationen stolz von sich wegwirft, und einmal ein Drama zu schreiben, das ein Spiegel der Geschichte sein soll. Ich finde es hier nicht am Platze in die Entwerfung und Durchführung des durchaus nicht tadelfreien Stückes einzugehen, aber unverkennbar ist an dem Baue desselben die Ruhe und Sicherheit, mit der der Geschichtsstoff beherrscht wurde. (Hansgirg, 1849, S. 408f)

Anlässlich der vierten Auflage widmet Dr. Legis-Glückselig im Jahre 1859 dem *König Otakar* von Horn einen lobenden Aufsatz im Almanach *Libussa*, in dem er jedoch zulässt, dass es sich um ein politisches Tendenzstück handelt:

Uffo Horn, dessen Dichtergenius sich erfrischt hatte in den Wellen der jüngsten Zeit, der auch genauer die Geschichte studierte und den Nationalcharakter der Böhmen kennt, vermochte seinem „Ottokar" ein bei weitem vollkommeneres plastisches Gepräge zu geben. [...] Horns Ottokar ist durch und durch ein Gebilde der jüngsten, an schönen Keimen und bittersüßen Früchten allzureichen Zeit, die sich denn auch neben der alten gleichzeitig in seiner Tragödie abspiegelt.[...] sein „Ottokar" trägt auch eine höhere, eine nationale und politische Bedeutung in sich, wobei „die freie stolze Eiche Bürgerthum" den Refrain und das Haupt-Schlagwort bildet. (Glückselig, 1859, S. 282)

Die Aufführung kam aber lange nicht in Erwägung, zunächst aus Zensurgründen, und danach wurde die slawische Tendenz des Stückes für das Prager deutsche Publikum, dem es durch seine Originalsprache bestimmt war, wiederum unannehmbar. Die einzige Lösung war daher ein österreichisches Theater. Ob selbst Horn das Theater in Linz angesprochen hat oder

---

[89] Vgl. Loužil, 1969, S. 208.
[90] **Karl Viktor von Hansgirg** (1823 – 1877) heimatverbundener Dichter, Neffe des Dichters K. E. Ebert, dessen Adel 1873 auf ihn übertragen wurde, trat 1846 in den polit. Verwaltungsdienst (ÖBL 2, 1957, S. 183)

umgekehrt, ist nicht bekannt. Jedenfalls kam am 12. Juli[91] 1858 Horns Tragödie mit großem, jedoch nicht mit langandauerndem Erfolg[92], in diesem Theater zur Uraufführung (Loužil, 1969, S. 194f) und ein Jahr später folgte auch das „vierte, für die Bühne neu bearbeitete Auflage" im Druck. Die Linzer Uraufführung war wohl gleichzeitig auch die letzte in der Originalsprache. Mikovec erwähnt zwar in seinem Artikel in *Bohemia*, dass eine Aufführung dieses Trauerspieles noch in Königsberg „in baldiger Aussicht steht" (Bohemia, 1860, Beilage zu Nr. 133, S. 1239), ob es tatsächlich geschah, ist leider nicht bekannt.

Zehn Jahre nach der Uraufführung in Linz hat Eduard Just die ursprüngliche Fassung *König Otakars* von Horn aus dem Jahre 1845 ins Tschechische unter dem Titel *Přemysl Otakar II.*[93] übersetzt (Loužil, 1969, S. 195). Auf dem Titelblatt findet man diesen handschriftlichen Vermerk: „Může se provozovati na českém divadle zemském. V Praze dne 8. máje 1868. Dr. Rieger, intendant." (Loužil, 1969, S. 195 Anm. 13). Diese Übersetzung erschien zwar nicht im Druck, wurde aber erst am 30. November 1868 auf der Bühne des Interimstheaters (České Prozatímní Divadlo) aufgeführt. Das Prager tschechische Tagblatt *Naše listy*[94] sowie das deutsche Tagblatt *Correspondenz*[95] meldeten die Aufführung bereits auf den 27. November, wegen der Erkrankung des Oberregisseurs und des Hauptdarstellers in einer Person, des Herrn J. J. Kolár[96], musste die Benefizvorstellung verlegt worden sein.

Wie der Theaterrezensent Jan Neruda bemerkte, hatte das Theaterstück Probleme mit der Zensur und nach zwei Reprisen am 4. und am 6. Dezember 1868[97] ist *Přemysl Otakar II.* wieder ohne tieferen Eindruck in Vergessenheit geraten.

Hornův „Přemysl Otakar II.", dávaný ve prospěch p. Kolára st., neobohatil valně repertoár náš. Je to kus práce chladné, bez velkého dramatického proudu, bez úchvatné hloubky povah, také bez květnatých myšlenek. Děj se přede, zvláště od třetího aktu, jenom líně dál, nauzluje se samými menšími

---

[91] In Horns dramatischem Nachlass im Archiv der Hauptstadt Prag befindet sich ein Plakat für diese Linzer Aufführung.

[92] Vgl. Die Rezensionen in *Linzer Wochenbulletin für Theater. Kunst und Belletristik* vom 12. 7. 1858 und in *Wiener Theaterzeitung* vom 22. 7. 1858 – Vgl. Hansgirg, Mitteilungen S. 238.

[93] *Přemysl Otakar II. Tragédie v pěti jednáních od U. Horna. Zčeštil Ed. Just.* Manuskript Nr. 583 in den Sammlungen der Theaterabteilung, Nationalmuseum Prag, zur Zeit deponiert in Terezín.

[94] Am 25. und am 27. 11. 1868, verfügbar aus
http://kramerius.nkp.cz/kramerius/PShowVolume.do?it=0&id=10273

[95] An denselben Tagen, verfügbar aus http://kramerius.nkp.cz/kramerius/PShowVolume.do?it=0&id=10501

[96] **Josef Jiří Kolár** (ursprünglich Kolář) (1812 – 1896) tschechischer Schauspieler, Dramaturg, Regisseur und Übersetzter, ab 1837 in tschech. und dt. Ensemble des Ständischen Theaters, am Provisorischen Theater und schließlich ab 1881 noch als Dramaturg des Prager Nationaltheaters. Übersetzte Shakespeare, Tethe und Schiller. Im Vormärz arbeitete er an tschech. (*Česká včela, Květy*) und dt. Zeitschriften (*Ost und West, Libussa*) mit (ÖBL 4, 1969, S. 72).

[97] Almanach královského zemsk. Českého divadla v Praze na rok 1869 (S. 33) und 1870 (S. 20) verfügbar aus http://kramerius.nkp.cz/kramerius/MShowMonograph.do?id=15542 und http://kramerius.nkp.cz/kramerius/MShowMonograph.do?id=15540

motivy a někdy není právě ničím víc než scénou a pak zase scénou. Skoro možno říci, že ani hlavní hrdina nezůstává vždy hlavní, kdežto zase postavy místo něho do popředí se tlačící průběhem dalším a zakončením hry odpadávají jako lístky se stromu. Historie kusu samého, censurou po mnohá léta zakázaného, pak okolnost, že děj jeho vzat z dějin domácích, přiměly as váženého pana beneficianta, že sáhl k Hornovu dílu. Chvalitebná snaha jeho byla v tom ohledu patrna, nám i obecenstvu byla by beneficiantova „Magelona" nebo Shakespearův „Lear" přec jen býval milejší. Obecenstvo vyznamenalo dávné zásluhy beneficiantovy, odměňovalo jeho hru, jakož i hru pí Peškové a p. Šimanovského, a delektovalo se některými narážkami, do nichž Horn ovšem nevložil tendenci tu, která z nich nyní vybrána. Naše listy 2. prosince 1868 (zitiert nach Neruda, 1958, S. 28)

Der Rezensent „uh." aus der *Correspondenz* scheint noch weniger zufrieden zu sein, allerdings aus unterschiedlichen Gründen. Es wurden nämlich etliche unlogische Kürzungen vorgenommen und das Vorspiel ganz ausgelassen, wobei der Hinweis auf Vitolds Rache im letzten Akt erhalten blieb:

Und nach mehr denn zwanzigjähriger Ruhe wird das Stück endlich bei uns zur Aufführung gebracht, nachdem es natürlich „gehörig" zusammengestrichen worden ist. […] Uns hätte die endliche Zulässigkeit des Stückes schon von Vornherein stutzig gemacht, allein dieser himmelschreienden Verkrüppelung, in welche das Werk uns vorgeführt wurde, hätten wir an der Stelle des artistischen Direktors schon aus Pietät für die Manon des Dichters den Weg auf die Bühne entschieden versperrt, anstatt es selbst noch zum Benefice zu wählen. Wer wie wir die Vorstellung mit dem Originale in der Hand verfolgte, kann über diese Amputationen Wunders viel erzählen. (Correspondenz, 1868)

Der Kritiker wundert sich, warum die erste und nicht die zweite „für die Bühne" neu bearbeitete Fassung für die Uraufführung gewählt wurde, wenn doch „vieles da zum Vortheile der Dichtung verbessert ist, namentlich ist der neue dramatisch wirksame Schluß insbesondere zu betonen, desgleichen die dramatisch strammere Fassung des 5. Aktes" (Correspondenz, 1868). Es scheint nicht wahrscheinlich zu sein, dass der Regisseur Král oder der Übersetzer Just, die zweite Fassung Horns nicht kannten, vielmehr haben sie sie ähnlich wie Loužil als weniger patriotisch empfunden.

Nach dieser zweifelhaften tschechischen Uraufführung wurde Horns *König Otakar* weder aufgeführt noch herausgegeben und die Reaktionen auf diesen Text sind ebenfalls sehr gering.

Bozděch hat sich 1873 in seiner Studie in der *Politik* neben Grillparzerschen auch mit Hornschen *König Otakar* nur kurz befasst. Er erwähnt eben die Konzentration Horns auf das Bürgertum, womit sich das Trauerspiel Horns von demjenigen Grillparzers am meisten unterscheidet. In den Kommentar der Liebesbeziehung zwischen Zawis und Kunigunde im letzten Satz setzte Bozděch eine diskrete Bemerkung über das „böhmische Nationalgefühl" hinein:

Das Liebesverhältniß Beider ist überhaupt mit viel grelleren Farben geschildert, als bei Grillparzer, auf den hohen Wert eines tüchtigen Bürgerstandes aus nahezuliegenden Gründen ein kräftiger

Nachdruck gelegt und auch durch das Arrangement der Schlußscene, in welcher Ottokar, umgeben von böhmischen Rittern, stirbt, dem böhmischen Nationalgefühl Rechnung getragen. (Bozděch, 1873, Nr. 300)

Karl Viktor Hansgirg verfasste 1877 ein *Lebens- und Literaturbild* Horns für die *Mitteilungen des Vereins für Geschichte der Deutschen in Böhmen.* Diesmal ging er in seiner Lobrede über seinen persönlichen Freund Uffo Horn noch weiter:

Im „Ottakar" – einem eben so groß gedachten, angelegten als durchgeführten Drama, [...], ist das Parteigetriebe der Zeit in vortrefflicher Weise wiedergegeben, [...] (Hansgirg, 1877, S. 237)

Hansgirg hält Horns *König Otakar* für „Krone und Gipfelpunkt seiner d r a m a t i s c h e n Wirksamkeit" genauso wie es *Wallenstein* bei Schiller ist. Horn habe sogar Grillparzer mit seinem Stück übertroffen, weil „die Hauptgestalten eines Ottokar und eines Rudolf ganz vortrefflich gezeichnet sind und die ethische Größe des gerechten Rudolf zu der gewaltigen C h a r a k t e r g r ö ß e Ottakars einen reizenden Gegensatz bildet, wie er selbst der Meisterhand Grillparzers in seiner Tragödie: „O t t o k a r s G l ü c k u n d E n d e" so vorzüglich nicht gelungen ist." (Hansgirg, 1877, S. 238)

Am Anfang des 20. Jahrhunderts veröffentlichte Wolfgang von Wurzbach eine kürzere biographische Studie über Uffo Horn in der Prager deutschern Zeitschrift *Deutsche Dichtung und Kunst,* die später erweitert im *Jahrbuch der Grillparzergesellschaft* erschien. Wurzbach bezeichnet hier Horns *König Otakar* als „Höhepunkt seiner dichterischen Laufbahn", „das seinerzeit großes Aufsehen erregte und einen numerischen Erfolg, erzielte, welcher jenen des poetisch unstreitig höherstehenden Grillparzerschen Dramas bei weitem übertraf" (Wurzbach, 1903, S. 224 und 203). Wurzbach kommentierte ebenfalls die zweite Fassung, die „dem Werke viel von seiner Originalität nahm" (Wurzbach, 1901, S. 4).

Im Jahre 1902 beurteilte Kraus den *König Otakar* so:

In der Komposition als auch in der Dramatik bedeutet dieses Drama also einen bedeutenden Schritt hinter Grillparzers Drama zurück; das Hauptaugenmerk des Dichters ging in eine andere Richtung, Přemysl Otakars Charakter sollte von der Demütigung Grillparzers gereinigt werden. (Kraus 1999, S. 379)

Im Jahre 1909 erschien wieder in *Mitteilungen des Vereins für Geschichte der Deutschen in Böhmen* eine übersichtliche und ausführliche Studie von Ludwig Jelinek mit dem Titel *Uffo Horns dramatischer Nachlass.* Im Kapitel 3. *Auf der Höhe seines Schaffens* wird der Einfluss Shakespeares auf Horn festgestellt, was sich in seinem „Lebenswerk" *König Ottokar* zeige (Jelinek, 1909, S. 496). Im Vergleich mit Hansgirg beurteilt Jelinek den Dichter bei weitem nüchterner. Für ihn ist „die Dichtung Grillparzers ästhetisch weit wertvoller". Horn sei sich blind ins andere Extrem verrannt, indem er „das Slawentum verherrlichen" und „Ottokar als dessen Vertreter" auffassen wollte, „der in den hellsten Farben dastehen und schuldlos zugrunde gehen sollte" (Jelinek, 1909, S. 498). Jelinek sieht darin die „jungdeutsche Tendenz", den" Kampf für die Freiheit", den „Kampf des Bürgertums gegen den Adel" und Ottokar sei hier „der Bauernkönig, der den strebsamen Bürger gegen die Übergriffe der mächtigen Adeligen in Schutz nimmt" (Jelinek, 1909, S. 498). Und schließlich kommt die stärkste Vorhaltung:

Aber eines vergaß der Dichter: daß es damals auch deutsche Bürger in Böhmen gegeben hat, die hier gänzlich aus dem Spiele bleiben. Die Verherrlichung des Bürgerstandes wird so zu einer einseitigen Verherrlichung des Tschechentums. (Jelinek, 1909, S. 498)

Jelinek macht noch darauf aufmerksam, dass die Hindernisse in der Aufführung von *König Otakar* in Böhmen den Dichter schwer ankamen, denn er hat „wohl an keinem Werk mit solchem Eifer gearbeitet" (Jelinek, 1909, S. 499). Auch diese Tatsache konnte eine bestimmte Rolle in Horns Beziehung zu den Tschechen spielen.

Nach Jelinek kam wieder eine lange Pause, die durch geschichtliche Umstürze in den deutsch-tschechischen Beziehungen bedingt wurden. So geriet der Name Uffo Horns und dessen *König Otakar* nahezu in Vergessenheit. Erst Ende 50er und 60er Jahren veröffentlichte Jaromír Loužil zwei Studien, vor allem die zweite aus dem Jahre 1969 beschäftigt sich eingehend mit Horns Trauerspiel *König Otakar*.

Hier weist Loužil darauf hin, dass schon die Zeitgenossen Horns bemerkt haben, dass sein Drama keinen einzelnen (und keinen einheitlichen) Helden hat (Loužil, 1969, S. 209 Anm. 21). Dasselbe hat auch Jan Neruda festgestellt, nur im Unterschied von Klar bemüht er sich nicht diesen Mangel als einen Vorteil zu bewerten. Es habe entweder zwei Helden, den tragischen Otakar und den epischen Rudolf[98] oder einen repräsentiert durch sie beide; Horns Trauerspiel sollte deswegen nicht *König Otakar*, sondern *Rudolfotakar*[99] heißen (Loužil, 1969, S. 209).

---

[98] „In Ottokar und Rudolf stehen sich nicht nur zwei mächtig divergierende Charaktere, sondern auch zwei Nationalitäten, zwei Zielen, mit einem Worte zwei Begriffe gegenüber. *Ottokar,* der tragische Held, *Rudolf,* der epische…" aus *Linzer Wochenbulletin für Theater, Kunst, Belletristik* vom 12. 7. 1858 zitiert nach (Loužil, 1969, S. 209 Anm. 22.
[99] Vgl. Kraus, S. 416.

Loužil hat als erster nicht nur Grillparzers Trauerspiel mit dem von Horn verglichen, sondern er hat auch die beiden Fassungen Horns analysiert und kam mit Hilfe zahlreicher Belege zum folgenden Schluss.

Horns König Otakar [...] stellt das adäquate Bild seines Inneren vor; seiner politischen Sympathien wie Vorurteile, seiner tiefen Einblicke in die gesellschaftliche Situation wie seiner Illusionen darüber, seiner tiefen Einblicke in die Hoffnungen wie seines ratlosen Schwankens. Horns Trauerspiel König Otakar hilft uns so, die Formierung seiner Ansichten über die politische Situation in Böhmen lange vor 1848 kennenzulernen; es beleuchtet klar sein denkerisches Niveau und nimmt seine Entwicklungsmöglichkeiten sowie ihre Grenzen vorweg. (Loužil, 1969, S. 212)

In wie weit hätte man damals aus der ersten Fassung *König Otakars* Horns „Entwicklungsmöglichkeiten" vorwegnehmen können, ist wohl eine Frage, so weit gehen die wenigen Reaktionen und Kommentare des Dramas vor dem Revolutionsjahr 1848 nicht. Im Vergleich mit der zeitgeschichtlichen Schrift *Vor dem 11. März*, die eigener Hand Horns kurz vor seinem Tod entsprungen sein muss, ist es allerdings zu behaupten, dass sich das Trauerspiel, auch nach dessen Umarbeitung, in einer immer noch relativ positiven und freundlichen Atmosphäre den Böhmen gegenüber bewegt. In der zweiten Fassung, an der Horn spätestens 1853 zu arbeiten begann, wirkt sich die Abkühlung Horns Begeisterung für die Tschechen aus und sie deutet ziemlich klar die Tendenz der Entwicklung in Horns politischen Ansichten an.

Loužil hat die beiden Fassungen aus dem politischen Standpunkt allerdings sehr scharf beurteilt:

Faßt man die erste Variante König Otakars aus dem Jahre 1845 vor allem als Zeugnis der Schwäche und begreiflicher Zweifel über die realen Möglichkeiten des Sieges im bevorstehenden Kampfe auf, bedeutet seine zweite Fassung aus dem Jahre 1859 nur mehr den schamlosen Versuch einer nachträglichen Selbstrechtfertigung jener, die in diesem historischen Kampfe schmählich versagt haben. (Loužil, 1969, S. 220)

Nach Loužil hat sich mit Horns Trauerspiel *König Otakar* lange niemand wesentlicher befasst. Der letzte Absatz zu diesem Thema schrieb Steffen Höhne im Jahre 2008. Er bezeichnete Grillparzers *König Ottokars Glück und Ende* als „Apologie supranationaler Herrschaft" und Horns *König Otakar* als „demokratisch-nationales Alternativmodell". Nach Höhne beruht die Botschaft des Hornschen Dramas „in dem Versuch, eine innere und äußere Integration Böhmens zu erkennen: nach innen über die Konstruktion eines Tschechen und Deutschböhmen umfassenden Nationalvolkes, nach außen als ein politisches Subjekt ‚im freien und friedlichen Zusammenleben mit den übrigen europäischen Völkern'" (Höhne, 2008, S. 51)

Schluss

Zum Schluss möchte ich die Erkenntnisse aus meiner Diplomarbeit zusammenfassen und einige Folgerungen daraus ziehen.

Aus dem ersten Kapitel wurde klar, wie häufig das Thema des böhmischen Königs Přemysl Otakar II. und dessen ruhmvollen Lebensweg, der so tragisch auf dem Marchfeld beendet wurde, in der deutschen, mehr als in der tschechischen, Dichtung erscheint. Den Hauptgrund beruht wohl darin, dass es sich um den Zeitpunkt handelt, wo die Dynastie der Habsburger ihre Übermacht in Europa für nächste mehr als fünfhundert Jahre übernommen hatte.

Die historischen Stoffe waren in Wien nach dem Wiener Kongress vor allem im Theater besonders beliebt. Das Theater war in der Zeit der einzige Ort, wo die unterdrückten politischen Meinungen auf der Öffentlichkeit verdeckt in historische Dramen geäußert werden konnten. Deswegen war alle diese künstlerische Tätigkeit streng durch die Zensur überwacht. Das war auch der Fall des Trauerspiels *König Ottokars Glück und Ende* von Grillparzer, der es, an Napoleons Schicksal erinnert, als Verherrlichung der Habsburgischen Monarchie verfasste, ohne die Böhmen irgendwie verletzen zu wollen, wie er es wenigstens selbst behauptete.

Sein Verhältnis zu den Böhmen, bzw. Tschechen war allerdings ziemlich ambivalent. Die Geschichte, die Kultur und die Landschaft einerseits haben ihn fasziniert, das einfache und das patriotisch gesinnte Volk hat ihn andererseits gereizt. Bereits die Zensurbeamten haben geahnt, dass Grillparzers Tragödie negative Reaktionen der Böhmen hervorruft und deshalb war der Bewilligungsprozess ziemlich kompliziert. Nach der Uraufführung im Wiener Hoftheater bestätigten sich die Prognosen der Zensurbehörden und es erhob sich eine Protestwelle seitens der in Wien lebenden Böhmen, bzw. Tschechen, die sich weiter nach Prag verbreitete. Aufgrund Grillparzers späteren Äußerungen über die tschechische Nation und deren nationale Bewegung kann sein Trauerspiel *König Ottokars Glück und Ende* durchaus berechtigt als der aktualisierte Konflikt zwischen Habsburg und Böhmen bzw. Deutschösterreichern und Tschechen verstanden werden.

Die erste Hälfte des 19. Jahrhunderts in Böhmen wurde durch die wachsende Nationalbewegung der Tschechen gekennzeichnet, die durch eine bestimmte Entwicklung durchkam. Neben dem rein tschechischen Nationalismus gab es ein Alternativmodel des sog. Bohemismus, der an dem Konzept des übernationalen Landespatriotismus herangewachsen wurde und der das intellektuelle Geistesleben der Deutschböhmen beeinflusste. Diese Vertreter des Bohemismus haben an ein friedliches Zusammenleben beider Nationen nebeneinander in einem multinationalen Staate geglaubt. Zu so gesinnten Deutschböhmen gehörte eine gewisse Zeit auch Uffo Daniel Horn, der zwar eine deutsche Bildung erhielt, dabei aber eine besondere Vorliebe in der böhmischen Geschichte hatte. Er habe sich selbst sogar zu den Tschechen gezählt und engagierte sich aktiv in der Revolution 1848 an deren Seite. Seine politische Tätigkeit war jedoch vielmehr durch den Kampf für Demokratie als für nationale Freiheiten der Tschechen bedingt.

Nachdem sich der Emanzipationsprozess der Tschechen in die rein nationale Bewegung entwickelte, zog er sich enttäuscht zurück aus der demokratischen Offensive in die nationale Defensive der Deutschen in Böhmen, wo er bis zu seinem Tode verblieb. In einer bestimmten Art und Weise spiegelt sich Horns Einstellungswechsel auch in der Umarbeitung seines Trauerspiels *König Otakar* wider. Seine Argumente gegen die tschechische Nationalbewegung schrieb Horn in seiner unvollendeten Reflexion *Vor dem 11. März* nieder, aus der sein tiefes Misstrauen gegen das Streben, die tschechische Sprache wiederzubeleben, hervorgeht.

Während die meisten Literaturhistoriker und Biografen Horns Einstellungswandel eher kritisieren, finde ich diesen völlig logisch und unvermeidlich, wenn ich seine Lebensumstände und die politisch-gesellschaftliche Lage der Zeit in Betracht ziehe. Den Vormärz und das Revolutionsjahr erlebte er als ein junger Dichter vom jungdeutschen Geist beeinflusst und ein liberal-demokratisches Ideal verfolgend. Noch während der Revolution 1848 befiel ihn eine allmähliche Ernüchterung, die wir doch auch so gut kennen. Er wurde dazu gezwungen, sich die eine oder die andere Nation zu wählen, was er eigentlich nie wollte. Er blieb seinem Geburtsort, seinen deutschen Zeitgenossen und der deutschen Kultur treu, denn diese war ihm trotz alledem näher als die tschechische. Er fühlte sich immer zu seiner Heimat in Trautenau angezogen, darin beruhte seine Vaterlandsliebe und dort konnte er doch nicht ein junger Schwärmer aus dem Vormärz ewig bleiben, er war immerhin von seiner Abkunft her Mitglied des wohlhabenden Bürgertums kein bürgerlicher Linke. Eine ähnliche Entwicklung von einem jungen Idealisten zu einem nüchternen Skeptiker verläuft doch fast bei jedem Menschen, bei Horn war es darüber hinaus auf dem Hintergrund des politisch-nationalen Wandels geschehen. Ich bin davon fest überzeugt, dass Horns feindliche Angriffe gegen die Tschechen Ende der 50er Jahre eine Folge des Einflusses war, den die deutsche

Umgebung in Trautenau und Reichenberg und der deutschböhmische Kreis in Prag, wo er auch seine Ehefrau kennen lernte, auf ihn ausübten.

Horns Meinungsentwicklung zeigt sich einigermaßen auch an seinem *König Otakar*, dessen erste Fassung 1845, 1846 und 1850 erschienen ist, die Zensur wollte es jedoch nicht auf der Bühne aufführen lassen. Spätestens im Jahre 1853 begann Horn, das Trauerspiel für die Bühne neu umzuarbeiten. Es wurde jedoch auf Deutsch nur in Linz im Jahre 1858 inszeniert und daraufhin ging ein Jahr später die zweite Bühnenversion im Druck heraus. Aus dem Vergleich dieser zwei Fassungen folgt, dass sich die zweite gekürzte Fassung in bestimmten Zügen dem Trauerspiel von Grillparzer nähert und somit auch Horns politische Resignation widerspiegelt.

Auf den ersten Blick scheinen die beiden Trauerspiele von Grillparzer und von Horn sehr ähnlich, sie sind nach dem selben Modell verfasst: Aufstieg und Untergang eines erfolgreichen Machthabers, sowie es die Geschichte anbietet. Die Handlung ist also ungefähr identisch. Die Auffassung desselben Stoffes ist jedoch unterschiedlich. Grillparzers Tragödie ist vielmehr ein historisches, obwohl nicht geschichtstreues, Drama, das unauffällige Bezüge auf aktuelle Persönlichkeiten enthält. Horn konzipierte dagegen sein Trauerspiel seit Anfang an als politisches Drama, das den Entwurf einer idealen Gesellschaftsordnung mit Hilfe des historischen Stoffes veranschaulicht. Dieser Unterschied ist allerdings nicht so groß, denn Grillparzer hat auch seinen idealen Herrscher – Rudolf von Habsburg. Während sich Horn bemüht, seinen Otakar in hellsten Farben als Opfer des politischen Verrats zu schildern, verherrlicht Grillparzer seinen Rudolf von Habsburg als ein moralisches Vorbild, das das römische Reich von einem machtbesessenen Usurpator rettet. Bei Horn spielt auch das Bürgertum eine bedeutende politische Rolle im Vergleich zu Grillparzer. Der vielen anderen formalen Abweichungen ungeachtet sehe ich den größten Unterschied in der eigentlichen Ursache, warum der große König in diesen Tragödien so schmachvoll gestorben ist. Bei Grillparzer ist es eindeutig seine persönliche Schuld – seine Machtgier, die Ehescheidung, Merenbergs Tod usw. Im Lichte Horns eigenen politischen Erwägungen bin ich zu dem Schluss gekommen, dass Vitolds Racheschwur und Zawis' beleidigter Adelsstolz nur Vorwände für Otokars politische Schuld, die in Wirklichkeit in der schlechten Entscheidung beruht – Ablehnung der Kaiserkrone und die panslawistische Orientierung nach Osten. Diese Entscheidung hat in den westlich orientierten Zawis den Hass erweckt, der zum tatsächlichen Beweggrund seines Verrats geworden ist.

Die Reaktionen auf Grillparzer in Böhmen waren durchaus negativ, wie es auch die Zensur vermutete, und was ziemlich verständlich ist, denn die Verherrlichung der Habsburger geschah auf Kosten der tschechischen Nation und deren viel besungenen „goldenen König", abgesehen von den geschichtlichen Ungenauigkeiten und Irrtümer. Grillparzer wurde vor allem die abwertende Charakteristik der tschechischen Nation und die übertriebene Verherrlichung der Habsburger vorgeworfen, weiter wurde ihm die Tatsache verübelt, dass König Ottokar kein eigentlicher Held des Dramas ist, und dass sich Grillparzer an die dichtenden Chronisten zu viel anlehnte. Bei den feurigen Tschechen verdiente sich Grillparzer Verachtung und bei den gemäßigten Landespatrioten eine bittere Enttäuschung und Verstimmung. Kein Wunder, dass *König Ottokars Glück und Ende* nie ins Tschechische übersetzt worden ist und nur einmal in Brünn und einmal in Prag inszeniert wurde. Dies war auch die einzige Gelegenheit, bei der das Drama im Prager deutschen Tagblatt ausführlich gelobt oder vielmehr verteidigt wurde. Es fanden sich jedoch auch Stimmen aus den künstlerischen Kreisen der gebildeten Tschechen, die sich um eine möglichst vorurteilsfreie Behandlung bemühten.

Das Trauerspiel *König Otakar* von Horn wurde seit Anfang an mit einigen Ausnahmen und abgesehen von einigen kleineren kritischen Verweisen insgesamt positiv angenommen. Die vier Auflagen zeugen sogar über einem gewissen Erfolg. Trotz alledem wurde dieses Theaterstück nur ein einziges Mal in Böhmen aufgeführt und zwar in der tschechischen Übertragung ohne einen größeren Erfolg. Was die schriftlichen Kommentare betrifft, konzentrieren sich die deutschböhmischen Kritiker vorzugsweise auf die Vorteile, die Tschechen wiederum auf die Nachteile. Im Prinzip einigen sich jedoch die Reaktionen daran, dass das Trauerspiel von Grillparzer dasjenige von Horn ästhetisch übertrifft.

Die Intensität der Missfallensäußerungen war bei beiden Dramen von der jeweiligen Atmosphäre in den Wechselbeziehungen zwischen beiden Nationen auf dem tschechischen Gebiet abhängig.

Es muss letztendlich konstatiert werden, dass die rein tschechischen Reaktionen auf beide Dramen insgesamt eher negativ waren, was allerdings nicht überraschend ist. Jeder Kritiker fand sich an den Dramen das, was er loben oder kritisieren wollte und das Nationalbewusstsein spielte dabei keine unbedeutende Rolle. Dennoch gibt es darunter einige objektive und konstruktive Bemerkungen.

Man muss zuletzt in Betracht ziehen, dass es sich bei den Dramen um ein Dichterwerk handelt, das keine Ambitionen hat, die historischen Ereignisse geschichtstreu zu schildern, sondern eine ästhetische Auswirkung hervorzurufen oder eine moralische, bzw. politische Aussage zu vermitteln. Der Autor soll mit seinem Kunstwerk provozieren um eine Debatte über die Gegebenheiten hervorzurufen. Wieweit er in dieser Provokation gehen darf, ist allerdings von seiner persönlichen Gesinnungsethik und Rücksicht abhängig.

Meiner Meinung nach wäre die Inszenierung Grillparzers in Prag ein Zeichen einer intellektuellen Reife in der nationalen Toleranz des tschechischen Publikums um die sich die europäische Integration seit dem zweiten Weltkrieg bemüht. Der ästhetische Wert des *König Ottokars Glück und Ende* verdient es jedenfalls. Das Hornsche Trauerspiel würde vielmehr auf die Provinzbühne des neuen Schauspielhauses in seiner Geburtsstadt Trutnov passen, das sogar dessen Namen „Uffo" trägt.

Literatur

Primärliteratur

- GRILLPARZER, Franz. 1913. *Briefe und Dokumente I.* In: *Grillparzers Werke.* Hrsg. von August Sauer. 3. Abteilung. Band 1: Wien und Leipzig: Gerlach & Wiedling, 1913. 441 S. Verfügbar aus http://www.literature.at/viewer.alo?objid=372&page=1&viewmode=fullscreen

- GRILLPARZER, Franz. 1992. *König Ottokars Glück und Ende.* Stuttgart: Reclam, 1992. 112 S. ISBN 3-15-004382-4.

- GRILLPARZER, Franz. 1925. *Prosaschriften IV.* In: *Grillparzers Werke.* Hrsg. von August Sauer. 1. Abteilung. Band 16: Wien: Kunstverlag Anton Schroll & Co., 1925. 437 S. Verfügbar aus http://www.literature.at/viewer.alo?objid=598&page=1&viewmode=fullscreen

- GRILLPARZER, Franz. 1960. *Sämtliche Werke. Ausgewählte Briefe, Gespräche, Berichte.* Hrsg. von Peter Frank und Karl Pörnbacher, Band 1: München: Hanser, 1960. Verfügbar aus http://www.zeno.org/Literatur/L/Grillparzer-SW+Bd.+1

- GRILLPARZER, Franz. 1924. *Selbstbiographie.* In: *Gesammelte Werke.* Band 5: Berlin-Wien: Hans Heinrich Tillgner Verlag, 1924. S. 143-300.

- GRILLPARZER, Franz. 1916. *Tagebücher und literarische Skizzenhefte II 1822bis Mitte 1830.* In: *Grillparzers Werke.* Hrsg. von August Sauer. 2. Abteilung. Band 8: Wien und Leipzig: Gerlach & Wiedling, 1916. 452 S. Verfügbar aus http://www.literature.at/viewer.alo?objid=147&page=1&viewmode=fullscreen

- HORN, Uffo Daniel. 1845. *König Otakar. Tragödie in fünf Akten und einem Vorspiele.* Prag: C.W. Medau und Comp., 1845. 138 S.

- HORN, Uffo Daniel. 1846. *König Otakar. Tragödie in fünf Akten und einem Vorspiele.* Prag: C.W. Medau und Comp., 1846. 138 S.

- HORN, Uffo Daniel. 1853. *König Otakar. Tragödie in fünf Akten und einem Vorspiele.* Prag: C.W. Medau und Comp., 1853. 138 S.

- HORN, Uffo Daniel. 1859. *König Ottokar. Trauerspiel in fünf Akten und einem Vorspiele.* Vierte, für die Bühne neu bearbeitete Auflage. Prag: J.G. Calve's Buchhandlung, Leipzig: C.H. Mayer's Buchhandlung, 1859. 130 S. Verfügbar aus http://kramerius.nkp.cz/kramerius/MShowMonograph.do?id=14564

- NECKER, Moritz. o. J. *Grillparzers sämtliche Werke. Vollständige Ausgabe in 16 Bänden.* Band 5-8. Leipzig: Max Hesse's Verlag, ohne Jahr. [paginiert nach einzelnen Bänden]

Sekundärliteratur

• ANTONÍN, Luboš. 2007. *Mladický pobyt budoucího velkého dramatika na moravském zámku a co z toho vzešlo.* In: *Tvar.* Praha: Michael Třeštík, 20.9.2007, roč. 17, č. 15.

• AUERNHEIMER, Raoul. 1972. *Franz Grillparzer.* Wien: Amalthea, 1972. 293 S.

• BAHLCKE, Joachim. 2003. *Land und Dynastie: Böhmen, Habsburg und das Temno.* In: Koschmal, Walter/ Nekula Marek/ Rogall, Joachim (Hrsg.). *Deutsche und Tschechen: Geschichte, Kultur, Politik.* München: Verlag C.H.Beck, 2003. S. 57-65. ISBN 3-406-45954-4.

• BOUZA, Erik. 1990. *Uffo Horn, národní gardy a Jičín v r. 1848.* In: Sborník prací východočeských archivů. Roč. 7. Zámrsk: Státní oblastní archiv, 1990. S. 59-69.

• BOZDĚCH, Emanuel. 1873. *Das Verhältniß Grillparzer's zu den böhmischen dramatischen Stoffen.* In: *Politik.* 25., 28. und 31. 10. 1873, Nr. 294, 297 und 300. Verfügbar aus http://kramerius.nkp.cz/kramerius/PShowVolume.do?it=0&id=10481

• CVEJN, Karel. 1955. *J. V. Frič v dopisech.* Praha: Československý spisovatel, 1955. 445 S.

• ČERNÝ, František. 1994. *„Weh' dem der lügt" und „Der Traum ein Leben" in den Inszenierungen des Prager Nationaltheaters zur Zeit der nazistischen Okkupation.* In: Hilde Hayder-Pregler – Evelyn Deutsch-Schreiner (Hrsg.) *„Stichwort Grillparzer".* Wie, Köln, Weimar: Böhlau Verlag, 1994. S. 159 – 170. ISBN 3-205-05564-0

• ČERNÝ, Jan Matouš. 2007. *Boj za právo: sborník aktů politických u věcech státu a národa českého od roku 1848 s výklady historickými.* Praha: Karolinum, 2007. 2 Bde. 1199 S. ISBN 978-80-246-1159-4 (brož.)

• ČERVINKA, František. 1965. *Český nacionalismus v XIX. století.* Praha: Svobodné slovo, 1965. 229 S.

• FISCHER, Karl Wilhelm. *Uffo Horn als Politiker.* In: Jahrbuch des Deutschen Riesengebirgs-Vereines, Hohenelbe 1926.

• FRIČ, Josef Václav. 1957. *Paměti.* Bd. 1 (1957). Praha: SNKLHU, 1957, 570 S.

• FRIČ, Josef Václav. 1960. *Paměti.* Bd. 2 (1960). Praha: SNKLHU, 1960. 632 S.

• FRIČ, Josef Václav. 1889. *Grillparzer. Povahopisná i dramatická studie* In: *Květy*, Jg. XI, Buch XXIII, 1889.

• GLOSSY, Carl. 1899. *Zur Geschichte des Trauerspiels: „König Ottokars Glück und Ende"* In: Jahrbuch der Grillparzer-Gesellschaft, Neunter Jahrgang, Wien: Verlag von Carl Konegen, 1899. S. 213 – 247. Verfügbar aus http://www.literature.at/viewer.alo?objid=518&scale=2&viewmode=fullscreen&page=248

• GLÜCKSELIG, Dr. Legis. 1859. *Böhmens „Ottokar" als dramatischer Stoff; mit besonderer Beziehung auf Uffo Horn's neueste Bearbeitung*. In: *Libussa*, 18. Jg., Prag: Calve, 1859. S. 277 – 284.

• HIML, Pavel. 2005. *Přemysl, fracek železný a zlatý*. In: *Literární noviny*, Jg. 16, Nr. 38.

• HÖHNE, Steffen. 2003. *Böhmische Utopien: Der Bohemismus - Diskurs in der Zeit der Restauration*. In: Koschmal, Walter/ Nekula Marek/ Rogall, Joachim (Hrsg.). *Deutsche und Tschechen: Geschichte, Kultur, Politik*. München: Verlag C.H.Beck, 2003. S. 624-637. ISBN 3-406-45954-4.

• HÖHNE, Steffen. 2008. *König Přemysl Ottokar II. Literarische Konstruktionen von Geschichte am Beispiel Böhmens*. In: Höhne, Steffen et al. (Hrsg.). *Brücken*. Neue Folge 16, 1-2, Germanistisches Jahrbuch Tschechien – Slowakei 2008, DAAD, Prag: Nakl. Lidové noviny, 2008. 371 S. ISBN 978-80-7106-341-4.

• HANSGIRG, Karl Viktor. 1849. *Uffo Horn. Biographische Skizze*. In: *Libussa* 1849. Jg. 8, S. 393-413. Verfügbar aus http://kramerius.nkp.cz/kramerius/ontheflypdf_MGetPdf?app=10&id=6320&start=396&end=415

• HANSGIRG, Karl Viktor. 1877. *Uffo Horn. Lebens- und Literaturbild*. In: Mitteilungen des Vereins für Geschichte der Deutschen in Böhmen 15 (1877). S. 63-85; 231-248.

• JELINEK, Ludwig. 1909. *Uffo Horns dramatischer Nachlaß*. In: Mitteilungen des Vereins für Geschichte der Deutschen in Böhmen 47 (1909), S. 461-532.

• KAZBUNDA, Karel. 1929. *České hnutí roku 1848*. Praha: Historický Klub, 1929. 434 S.

• KLÍMA, Arnošt. 1994. *Češi a Němci v revoluci 1848 – 1849*. Praha: Nebesa, 1994. 203 S. ISBN 80-901609-7-2.

• KOFRÁNKOVÁ, Václava. 2006. *26. 8. 1278 – Moravské pole: Poslední boj Zlatého krále*. Praha: Havran 2006. 153 S. 80-86515-71-0 (váz.).

• KRAH, Hans. 2006. *Einführung in die Literaturwissenschaft. Textanalyse*, Kiel: Verlag Ludwig, 2006. 384 S. ISBN 3-937719-43-1.

• KRAUS, Arnošt. 1999. *Alte Geschichte Böhmens in der deutschen Literatur*. Aus dem tschechischen Original (1901) *Stará historie česká v německé literatuře* übersetzt von Eva Berglová und Carmen Sippl. St. Ingbert: Röhrig, 1999. 417 S. ISBN 3-86110-225-0.

• KROFTA, Kamil. 1924. *Die Deutschen in Böhmen*. Prag: Orbis, 1924. 55 S.

• LOUŽIL, Jaromír. 1959. *O životě Uffo Horna*. In: Pašerák. Hradec Králové: Nakladatelství krajského domu osvěty, 1959. S. 9-23, 58-68.

- LOUŽIL, Jaromír. 1969. *Uffo Horn und sein Trauerspiel* König Otakar. In: Philologica Pragensia 12 (1969). Praha: Academia, nakladatelství ČSAV, 1969. S. 193-220.

- MĚŠŤAN, Antonín. 1995. *Grillparzer, Böhmen und die Tschechen.* In: Strelka, Joseph P. (Hrsg.). *Für all, was Menschen je erfahren, ein Bild, ein Wort und auch das Ziel: Grillparzer-Studien.* Bern; Berlin; Frankfurt/M; New York; Paris; Wien: Lang 1995. 291 S. ISBN3-906752-92-5

- MIKOLETZKY, Lorenz. 1990. Franz Grillparzer (1791-1872): dem österreichischen Dichter zur 200. Wiederkehr seines Geburtstages und zu seinem 120. Todestag. Wien: Bundeskanzleramt, Bundespressedienst, 1990. 68 S.

- MIKOVEC, Ferdinand Břetislav. 1860. *Uffo Horn.* In: *Lumír,* 1860, Nr. 22, S. 523f, Verfügbar aus http://kramerius.nkp.cz/kramerius/PShowIssue.do?it=0&id=430888

- MÜLLER, Joachim. 1963. *Franz Grillparzer.* Stuttgart: J. B. Metzlerische Verlagsbuchhandlung, 1963. 109 S.

- NERUDA, Jan. 1958. *České divadlo. 4.* Praha: SNKLHU, 1958, 468 S.

- PFAF, Ivan. 1996. *Česká sounáležitost k Západu v letech 1815 –1878. K historii českého evropanství mezi vídeňským a berlínským kongresem.* Brno: Doplněk, 1996. 261 S. ISBN 80-85765-60-8

- POSPÍŠIL, Milan. 1995. *Habsburk a Přemyslovec očima Franze Grillparzera.* In. *Dějiny a současnost* Praha : Lidové noviny, 1995, roč. 17, č. 2. ISSN 0418-5129. s. 20-23.

- PÖRNBACHER, Karl (Hrsg.). 1970. *Erläuterungen und Dokumente. Franz Grillparzer König Ottokars Glück und Ende.* Stuttgart: Reclam, 1970, 111 S.

- RECKZEH, Gerhart. 1929. *Grillparzer und die Slaven* In: Brecht, Walther (Hrsg.). *Forschungen zur neueren Literaturgeschichte,* LIX, Weimar: Verlag von Alexander Duncker, 1929, 96 S.

- SCHOPF, Franz Josef. 1848. *Wahre und ausführliche Darstellung der am 11. März zur Erlangung einer constitutionellen Regierung- Verfassung in der Königlichen Hauptstadt Prag begonnen Volks- Bewegung und der hierauf gefolgten Ereignisse, als ein Beitrag zur Geschichte, und ein Angedenken an die verhängnisvolle Zeit chronologisch verfasst, auch mit allen Urkunden belegt.* Heft 2. Leitmeritz: C. W. Medau, 1848. 128 S.

- SCHÖN, Joseph. 1828. *Kleinigkeiten.* In: *Unterhaltungsblätter,* Nr. 20, Prag: Redaktion und Verlag Gottlieb Haase und Söhne, 1828. Verfügbar aus http://kramerius.nkp.cz/kramerius/ontheflypdf_PGetPdf?app=11&id=982422&start=1&end=4

- ŠTĚDROŇ, Petr. 2006. *Finis fortunae.* In: *Host,* Jg. 22, Nr. 3.

- TUREČEK, Dalibor. 2001. *Rozporuplná sounáležitost. Německojazyčné kontexty obrozeneckého dramatu*, Praha: Divadelní ústav, 2001. 190 S. ISBN 80-7008-122-8

- UHLÍŘ, Dušan. 2003. *Rakouská cenzura, Grillparzer a král Otakar (Die österreichische Zensur, Grillparzer und König Ottokar)*. In: Borovský, Tomáš (Hrsg.).*Ad Vitam et honorem. Profesoru Jaroslavu Mezníkovi přátelé a žáci k pětasedmdesátým narozeninám*. Brno: Matice Moravská, 2003. S. 785 – 796. ISBN 80-86488-13-6

- URBAN, M. 1894. *Uffo Horn in der Teplitzer Versammlung des Jahres 1848*. In: *Das Riesengebirge in Wort und Bild*, 1894.

- VÁCLAVEK, Ludvík E. 2000. *Uffo Horn (1817 – 1860)*. In: Lucy Topoľská – Ludvík Václavek (Hrsg.). *Beiträge zur deutschsprachigen Literatur in Tschechien*, Olomouc: Univerzita Palackého, 2000, S. 278 – 287. ISBN 80-244-0185-1

- WURZBACH, Wolfgang von. 1901. *Uffo Horn*. In: *Deutsche Dichtung und Kunst*, Nr. 1 1901, Prag: Verlag des Deutschen Vereines zur Verbreitung gemeinnütziger Kenntnisse: Commissionsverlag Fr. Härpfer (R. Schoul), 1901. S. 2 – 6.

- WURZBACH, Wolfgang von. 1903. *Uffo Horn*. In: Glossy, Carl (Hrsg.). *Jahrbuch der Grillparzergesellschaft*, Jg. 13 (1903), Wien: Verlag von Carl Konegen. S. 203 – 241. Verfügbar aus
http://www.literature.at/viewer.alo?objid=544&scale=2&viewmode=fullscreen&page=1

Nachschlagwerke

- ADB: *Allgemeine Deutsche Biographie*, 45 Bde. München/Leipzig: Duncker & Humblot, 1875–1912. Verfügbar bei http://de.wikisource.org/wiki/Allgemeine_Deutsche_Biographie

- Brockhaus: *Brockhaus Bilder-Conversations-Lexikon für das deutsche Volk*. 4 Bde. Leipzig: F. A. Brockhaus, 1837–1841. Verfügbar bei www.zeno.org

- DČL: *Dějiny české literatury II. Literatura národního obrození*. Praha: ČSAV 1960, 684 S.

- MVČ: *Malá československá encyklopedie*, 1. Auflage, 6 Bde. Praha: Academia, 1984 – 1987. Verfügbar bei http://cotoje.mlp.cz/default.aspx

- Herders: *Herders Conversations-Lexikon*. 1. Auflage. 5 Bde. Freiburg im Breisgau: Verlag Herder, 1854-1857. Verfügbar bei www.zeno.org

- Meyers: *Meyers Großes Konversations-Lexikon. Ein Nachschlagewerk des allgemeinen Wissens*. 6., gänzlich neubearbeitete u. vermehrte Auflage. 20 Bde. Bibliographisches Institut, Leipzig u. Wien 1902–08. Ergänzungen u. Nachträge. Bd. 21. 1909. Jahres-Supplemente. Bde. 22–24. 1910, 1912, 1913. Kriegsnachträge. 3 Teile. 1916, 1917, 1920. Verfügbar bei www.zeno.org

- ÖBL: *Österreichisches biographisches Lexikon 1815-1950*, 12 Bde. Wien: Verlag der Österreichischen Akademie der Wissenschaften, 1954 – 2009. Verfügbar bei http://www.biographien.ac.at/oebl?frames=yes

- Otto: *Ottův slovník naučný: illustrovaná encyklopedie obecných vědomostí*. 28 Bde. Praha: J. Otto, 1888 – 1905. Als Pdf-Dateien Verfügbar bei http://www.archive.org, digitalisiert bei http://cotoje.mlp.cz/default.aspx

- Pierers: *Pierer's Universal-Lexikon*. 4. Auflage. 19 Bde. Altenburg: Verlagsbuchhandlung von H. A. Pierer, 1856 – 1865. Verfügbar bei www.zeno.org

- PROCHÁZKA, Roman Freiherr von. 1973. *Genealogisches Handbuch erloschener böhmischer Herrenstandsfamilien*, Neustadt (Aisch): Verlag Degener & Co, 1973. 395 S. ISBN 3-7686-5002-2.

- SCHMIDT, Rudolf. 1908. *Deutsche Buchhändler. Deutsche Buchdrucker*. Band 6. Berlin: Eberswalde, 1908, 1096 S.

Periodika

- *Bohemia* 1848a, Jg. 21, Extranummer aus dem 25. 3. 1848, 4 S. Prag: Gottlieb Haase Söhne, 1848. Verfügbar aus http://kramerius.nkp.cz/kramerius/ontheflypdf_PGetPdf?app=11&id=214283&start=1&end=4

- *Bohemia* 1848b, Jg. 21, Extranummer aus dem 5. 4. 1848, 6 S. Verfügbar aus http://kramerius.nkp.cz/kramerius/ontheflypdf_PGetPdf?app=11&id=214294&start=1&end=6

- *Bohemia* 1871, Jg. 44, Beilagen zu den Nummern 85 – 87 vom 9., 11. und 12. April 1871, S. 1287, 1308f, 1319f. Verfügbar aus http://kramerius.nkp.cz/kramerius/PShowVolume.do?it=0&id=3723

- *Correspondenz* 1868, Nr. 127 vom 2. Dezember 1868. Prag: František Skrejšovský, 1868. Verfügbar aus http://kramerius.nkp.cz/kramerius/ontheflypdf_PGetPdf?app=11&id=594767&start=1&end=6

- *Národní listy* 1891, Nr. 14, 16 vom 14. und 16. Januar 1891. Praha: Julius Grégr, 1891. Verfügbar aus http://kramerius.nkp.cz/kramerius/PShowVolume.do?it=0&id=12479

- *Libussa* 1844, Jg.3, 434 S. Prag: Pavel Aloys Klar, 1844. Verfügbar aus http://kramerius.nkp.cz/kramerius/MShowUnit.do?id=6315&author=

- *Posel z Prahy* 1871: občanské noviny, Nr. 86 vom 11. April 1871, *Denní kronika*. Praha: Václav Nedvídek. Verfügbar aus http://kramerius.nkp.cz/kramerius/ontheflypdf_PGetPdf?app=11&id=627389&start=2&end=2

- *Čas* 1897: list věnovaný veřejným otázkám, Jg. XI, Praha: Jan Herben, 1897.

Liste der Anlagen

Resumé

Tato diplomová práce srovnává dvě německé divadelní hry o českém králi Přemyslu Otakarovi II. První z nich se jmenuje *König Ottokars Glück und Ende* a pochází z pera rakouského dramatika Franze Grillparzera. Jejímu uvedení v roce 1825 předcházely potíže s metternichovskou censurou a po její premiéře ve Dvorním divadle ve Vídni jí zase pronásledovaly negativní reakce pobouřených Čechů. Druhou hru *König Otakar* napsal česko-německý spisovatel Uffo Daniel Horn jako svou reakci na Grillparzerovu tragédii a poprvé ji vydal v Praze roku 1845.

Grillparzer napsal svého *Krále Ottokara*, když mu bylo něco málo přes třicet let a byl už ve Vídni poměrně známým dramatikem. Své dílo koncipoval jako oslavu habsburského rodu a inspiraci pro postavu krále Otakara čerpal z podobnosti jeho osudu s Napoleonovým. Látku ke své historické tragédii však čerpal zejména z vyprávěcích pramenů dobových rakouských kronik. Kromě toho byl jeho vztah k Čechům formován nepříliš dobrými zkušenostmi z pobytů na Moravě ve službách různých šlechticů.

Král Otakar Uffo Horna měl být pravým opakem Grillparzerova, ačkoli ho v mnohém kopíruje a jeho zjevné politické zaměření nelze chápat jednoznačně. Horn se narodil v rodině se slovanskými kořeny v pohraničním městě Trutnově, které bylo tehdy obydleno převážně německy mluvícím obyvatelstvem. Vzdělání se mu dostalo na německých školách v Praze, kde se ale také blíže seznámil s českým jazykem, dějinami a literaturou. Sám však psal pouze německy. Studia práv dokončil na Univerzitě Vídni a pobýval delší dobu v Německu, kde se stýkal se skupinou německých básníků zvaných „Mladé Německo". Do Prahy se vrátil v březnu 1848, aby bojoval za demokracii, a protože Češi vystupovali v revoluci mnohem rozhodněji než jeho němečtí kolegové v Praze, přidal se na jejich stranu. Brzy se mu ale boj Čechů za národní rovnoprávnost znelíbil, a proto zklamaně odešel a postupně přešel do německého tábora, který odrážel útoky vlasteneckých Čechů. Ke konci svého krátkého života se jeho náklonnost k Čechům změnila přinejmenším v nelibost. To se samozřejmě projevilo, byť ne nijak podstatně, i v jeho přepracované verzi *Krále Otakara*.

Reakce na Grillparzerova *Krále Ottokara* byly v české umělecké veřejnosti od počátku negativní, nikdy nebyl přeložen do češtiny a byl uveden pouze jednou v Brně a jednou v Praze. Hornův *König Otakar* sice vyšel čtyřikrát tiskem, ale uveden byl jen jednou a to v nepublikovaném českém překladu v Praze bez větších ohlasů a dnes je prakticky zapomenut.

Resümee

Diese Diplomarbeit vergleicht zwei Dramen über den böhmischen König Přemysl Ottokar II. Das erste Trauerspiel heißt *König Ottokars Glück und Ende* und wurde von dem österreichischen Dramatiker Franz Grillparzer verfasst. Seiner Aufführung im Jahre 1825 gingen Zensurhindernisse voran und nach der Premiere im Burgtheater in Wien verfolgten es wiederum negative Reaktionen der aufgewühlten Tschechen in Wien. Das zweite Drama schrieb der deutschböhmische Dichter Uffo Daniel Horn als sein Gegenstück zu dem Trauerspiel von Grillparzer und gab es zum ersten Mal 1845 in Prag heraus.

Grillparzer schrieb seinen *König Ottokar* im Alter von etwas über dreißig, als er in Wien bereits relativ bekannter Dramatiker war. Sein Werk konzipierte er als Verherrlichung der Habsburger und Inspiration für die Figur des Königs Ottokar schöpfte er aus der Ähnlichkeit mit dem Schicksal von Napoleon. Den Stoff für sein historisches Trauerspiel fand er in den erzählenden Quellen der historischen österreichischen Chroniken. Außerdem war sein Verhältnis zu den Böhmen, bzw. zu den Tschechen durch nicht besonders gute Erfahrungen aus seinen Aufenthalten in Mähren in Diensten verschiedener Adeligen geprägt.

König Otakar von Uffo Horn sollte ganz das Gegenteil von demjenigen von Grillparzer sein, obwohl er ihn in vielen Aspekten kopiert und seine politische Ausrichtung nicht eindeutig zu verstehen ist. Horn wurde in der Familie mit slawischen Wurzeln in der Grenzstadt Trautenau geboren, die damals von den deutsch sprechenden Einwohnern besiedelt war. Die Ausbildung erhielt er in den deutschen Schulen in Prag, wo er aber auch in engere Berührung mit der tschechischen Sprache, Geschichte und Literatur kam. Er selbst schrieb jedoch ausschließlich auf deutsch. Sein Jurastudium beendete er in Wien und hielt sich lange in Deutschland auf, wo er mit der Gruppe der deutschen Schriftsteller des „Jungen Deutschlands" verkehrte. Er kam nach Prag im März 1848 zurück um für Demokratie zu kämpfen. Da die Tschechen in der Revolution viel entschiedener auftraten als seine deutschböhmischen Kollegen in Prag, schloss er sich der tschechischen Partei an. Bald erkannte er jedoch den nationalen Emanzipationskampf der Tschechen, verließ ihre Reihen und ging allmählich in das deutschböhmische Lager über, der die Offensive der tschechischen Patrioten abwehrte. Gegen Ende seines kurzen Lebens veränderte sich seine Zuneigung zu den Tschechen zumindest in Missfallen. Dies äußert sich ebenfalls, wenn auch nicht wesentlich, in der zweiten Fassung seines *König Otakars*.

Die Reaktionen auf Grillparzers *König Ottokar* waren in der tschechischen künstlerischen Öffentlichkeit seit Anfang an negativ. Das Drama wurde nie ins Tschechische übersetzt und es wurde bloß ein Mal in Brünn und ein Mal in Prag aufgeführt. Horns *König Otakar* erschien zwar vier Mal im Druck, wurde aber nur ein Mal und zwar in tschechischer unveröffentlichter Übertragung in Prag auf die Bühne gebracht ohne einen besonderen Erfolg und heute ist es praktisch vergessen.

Abstract

This dissertation entails a comparison between two German plays on the Bohemian King, Přemysl Ottokar II. The first is called *König Ottokars Glück und Ende* and was written by the Austrian dramatist, Franz Grillparzer. Even prior to its staging in 1825 there were difficulties with the censors, and, subsequent to the first run in the Burgtheater in Vienna, the play met with a negative response amongst the indignant Czechs of Vienna. The second play, *König Otakar,* was written by the Bohemian-German writer Uffo Daniel Horn, by way of his own response to the Grillparzer's tragedy, and first published in Prague, in 1845.

Grillparzer wrote his *König Ottokars Glück und Ende* in his early thirties, when he was already quite a well-known dramatist in Vienna. He conceived his play as a glorification of the House of Habsburg, and the parallel fate of Napoleon provided the inspiration for the character of King Ottokar. He gathered the subject matter for his historical tragedy from the narrative resources of the Austrian contemporary chronicles. In addition, his attitude to the Bohemian people was influences by his not very positive experiences during his sojourns in Moravia, where he accompanied Viennese noblemen.

König Otakar by Uffo Daniel Horn may be seen as a counterweight to Grillparzer's play, even though it imitates it in many ways and also its own apparent political position cannot be understood unambiguously. Horn was born in a family with Slavonic antecedents, in the border town of Trutnov, whose population at the time had a substantial German-speaking majority. He was educated in German schools in Prague, where he also became more closely acquainted with the Czech language, history and literature. Nonetheless, he only ever wrote in German. He completed his legal education at the University of Vienna and spent long periods in Germany, where he was in contact with the group of German writers called "Junges Deutschland". He came back to Prague in March 1848 to fight for democracy, and as the Czech revolutionaries acted much more resolutely than his German fellows in Prague, he joined the Czech party. Even so, he soon came to dislike the Czech fight for national emancipation and joined the German party, which strove to deflect the attacks of the Czech patriots. Towards the end of his short life, his affection for the Czech nation turned into disenchantment. This change is apparent, to a limited extent, in his second version of *König Otakar*.

The response of the Czech cultural establishment to Grillparzer's *König Ottokar* was negative from the outset. It was never translated into the Czech language, and was staged only once in Brno and again once in Prague. Horn's *König Otakar,* though published four times in the original German, was performed just once in an unpublished Czech translation in Prague, without engendering any substantial reaction and nowadays it is practically forgotten.

Anlage

Transkribierter Text des zweiten Entwurfs der zeitgeschichtlichen Studie *Vor dem 11. März* von Uffo Daniel Horn (nicht datiert, wohl aber aus der zweiten Hälfte der 50er Jahre des 19. Jahrhunderts), nicht beendet, befindet sich im handschriftlichen Nachlass Uffo Horns im Archiv der Hauptstadt Prag (Karton 3, Nr. 50B4/4)

50B4
4
Vor dem 11ᵗᵉⁿ. März
Bruchstücke

Verein für
Geschichte d. Deutschen
in Böhmen

[Einleitung]
Es ist begreiflich, daß bei Revolution namentlich unterdrückter
Nationalitäten, gegen die sie beherrschenden, die historische Beweis-
führung, dem Volke selbst als die zugänglichste und wirksamste gibt. Aber
sie sollte stets auf die praktische Anwendung beschränkt bleiben, denn
die Tradition wirkt nur in seltenen Fällen über gewisse geographische
Grenzen hinaus. Noch weniger sollte aber die historische Be-
rechtigung eines Volkes als erster oder gar einziger Titel in den
Berufungen an das Urtheil der Welt erscheinen, wenn man es schon
für nöthig erachtet, eine solche einzulegen. Das macht dem Gegner
die Widerlegung leicht, namentlich in Fällen, wo sein einzige
Recht aber auch verjährt und historisch geworden ist, obgleich es ursrpüng-
lich ein volles Unrecht war. Die Geschichte ist wie der Karlsbader
Sprudel, sie versteinert alles, was man hineinlegt. Es wird sehr
oft leichter für den Gegner seyn, zu allen Zusammenhang der Gegenwart des
entstehenden Volkes mit der angerufene Vergangenheit
zu negieren, als diesem, ihm herzustellen in ununterbrochenen Folgen!
Ein Beispiel mag hier Raum finden. Wer konnte es den Griechen bei
dem Aufstand gegen die Osmanen verwegen, wenn sie sich an Salamis,
Plataea und Marathon erinnerten, aber dieser Unabhängigkeitskrieg
gegen Persien war doch nur ein treffliches Beispiel, nie ein Grund
für ihre Erhebung gegen den Sultan. Mit den Traditionen der alten
helenischen Geschichte bewiesen sie eben nur, was schon unbezweifelt fest-
stand, die glorreiche vollständige Existenz eines Volkes das zu
beiden Seiten des Isthmus gewehet habe, und den Namen der
Hellenen führte, der aber als politische Bezeichnung längst nicht mehr
bestand. Sogar der geographische Beweis eines direkten Zusammenhan-
ges fehlten, denn was einst Griechenland hieß, hieß heute nicht mehr
so, wenigstens nur zum Theil. Wie leicht hatten die Türken die
Antwort: Ihr seid Griechen? Beweist das
erst: Eure Vorfahren, waren seit taußend Jahren Sklaven, erst
abendländische Seefahrer, dann die unsrigen. Wir haben dieses Land
wiedererobert, es durch Verträge mit denen erworben, die es
früher beherrschten, wir haben nicht einmal mit euch gekämpft, nur
mit euren Herren! Wenn ihr von historischen Rechten sprecht, sind
die Verträge von Passowitz, von Carlowitz nicht auch historische
Titel und anerkannte dazu, von vornherein praktisch in
ihrer Anwandlung? – die Griechen hatten nur eine vernünftige
Antwort: Wir wollen frei seyn, weil niemand verpflichtet ist,

112

ungerechten Zwang zu tragen, wir Bewohner dieser Landstreiche,
die eure Herrschaft nicht mehr anerkennen, eure Auslagen nicht
mehr bezahlen, eure Gebot nicht mehr erfüllen, und die Volk geworden
durch den gemeinsamen Drang durch das gleiche Interesse, ein neues
Volk, und führen den Beweis unserer Existenz nunmehr mit den Schwerte,
es ein Glück für die Griechen, daß sie nicht bei dem histo-
rischen Beweis allein bleiben, sondern den besseren führten, ihrem
Muthe und dem Glück, das dem Muthigen hold ist, verdankten sie
mehr als wenn sie die Geister des Demosthenes und Themistokles
beschwuren, um ihre Sache zu vertheidigen.

I.
Vor dem eilften März.
Auf die erste Nachricht vom Siege des Volkes in Paris
über die Monarchie der Lüge und Corruption trieb es mich
aus Dresden, wo mich eine kürzlich geschlagene Schlusswunde festgehalten
hatte, nach Prag. Es zog mich ein Frühlingsdrang der Hoffnung,
die Ahnung naher großen Begebenheiten auf den so lange
brachgelegenen Schauplatz der wichtigsten Ereignisse, die Europa
vom vierzehnten bis tief in das siebzehntes Jahrhundert erlebt
hatte.
Am früher Morgen fuhr ich in die alte Königsstadt ein,
an der ich noch mit ungetrübter Pietät hing. Wir rasselten
durch die langen Gassen, alles war still und ruhig wie sonst-
nirgend ein Merkmal außergewöhnlichen Zustandes der beson-
derer Aufregung. Man schlief noch in Prag – ich sagte mir:
Du bist nicht zu spät gekommen, gebe es das Glück, daß nicht
weil zu früh!" – Der Morgen war kalt und trüb, er hatte
nicht einmal eine blaße Rosthe über den Himmel gehaucht, die mir als
Wahrzeichen gelten konnte: die alten Thurme sehen im Gegen-
theil noch dunkler und älter, als sonst, indem sie
Auf dem aschgrauen Hintergrund sich abgränzten.
Die Massen waren also noch nicht erwacht, das Gewitter
grollte noch in zu weiter ferne, um den Schlaf eines verträumten
Volkes zu stören – nur wenige wachten und horchten aufmerksam
nach Westen hie, auf das Sausen in der Luft und die näher kom-
mende Donnerschläge.
Mein erster Gang war zum Grafen Albert Deym, einem
der thätigsten Mitglieder der damals gegen Metternich und
seinem Despotismus ringende ständische Oposition. Der alter-
schwache Wappenlöwe wehrte sich vergebens gegen die rießige
boa constrictor, die ihn umringt hielt, es bedurfte jüngerer
frischer Kräfte, um das Ungethum zu besiegen, als die das
Bewußtseyn „uralter Rechte und Freiheiten", verlieh. Ich wurde
auf das Wesen dieser Oposition ausführlicher zu-
rückkommen. Für den Augenblick war mir Graf Albert der
liberalste Mann in Böhmen, obwohl das Verdienst seiner Ge-
sinnung nicht über die Grundlage seiner privilegirten Stel-
lung hinausging. Er hat später Beweise gegeben, daß sein
Liberalismus ein aufrichtiger war, und auch blieb als ihm diese
Grundlage entzogen wurde, aber zugleich noch stärkere, daß
er stets ein befangener und ideenarmer Kopf gewesen und
nur in den besonderen Verhältnissen jener Zeit eine augeblick-
liche Bedeutung erlangen konnte, in der weder er sich
noch seine Freunde ihn troz alles guten Willens und allen
Bemühung zu erhalten im Stande waren.

Der Graf arbeitete aber an einer Landtagschrift, deren Abfassung
man ihm aufgetragen hatte, er war allerdings aufgeregt von
den Ereignissen, aber er dachte auch nicht entfernt an die Möglichkeit einer solchen Wandlung der Dinge, wie sie vierzehn
Tage später wirklich eintrat. Wenigstens ließ er, während
des stundenlangen Gespräches, das wir führten, keine dahin
gehende Äußerung hören, er kam immer wieder darauf zurück, daß er von den Thatsachen einen Vortheil für die ständischen
Bestrebungen erwarte, die Regierung werde genöthigt seyn, den
Rath der Stände einzuhohlen, in den Finanzfragen ihre Unterstützung anzusprechen, dann sey der Moment da durch kluges
Mäkeln die gewünschten Concessionen zu erlangen. Ich habe die
moralische Uiberzeugung, daß der Graf in die ganzen Selbst-
gefälligkeit einer oppositionellen Stellung, wie die der alten Stände
eingewiegt, auch keine Ahnung von den kühnen Plänen der Volksparthei hatte, deren Ausführung bereits im Stillen betrieben
wurde. Zu den Eingeweihten gehörte er gewiss nicht; was also
darüber auch gesprochen wurde, als sei Graf Albert als ein Ha-
bitué im Conspiriren gewesen und seine zur Stunde noch sehr problematische Betheiligung an der
Juniverschwörung nur die Folge einer früheren, ich möchte
das Gegentheil beschwören. Der Instinkt der czechischen Volks-
partehi hielt diese ab, ihre Bundesgenossen in dieser Region
zu suchen. Diese klugen, zähen, unsichren zumal gewählten Wege
unaufhaltsamen Leute suchten festere Grundlagen
als eine solche Union, und bessere Garantion, als solche Charakter
sie beten, die auch nicht einen Augenblick vom Verdachte ledig-
licher Selbstsucht frei waren.
Der Graf lud mich für den Abend zu seinem Cousin
dem Grafen Friedrich Deym, dem Mittelpunkte der ständischen
Opposition ein – ich sagte zu und eilte, mir anderswo genügender Aus-
kunft zu verschaffen.
Rieger der tallentvollste Redner und einer der ehrlichsten
und ehrenhaftesten Führer der Czechenparthei, der, mir von Tugend
aus befreundet, die genauesten Nachrichten hätte geben können, da er
schon damals ein Liebling der Nationalen war, befand sich in Italien
und ich ging also zu Strohbach dem spätern Presidenten des
oesterreichischen Reichstages, der damals noch eine subalterne Stelle
beim böhmischen Landrecht bekleidete.
Strohbach, obwohl immer als vorsichtig und klug bekannt, war mein
Jugendfreund und Universitätsgenosse
und hatte er auch nicht den geringsten Grund, mir gegenüber miß-
trauisch zu seyn. Ich galt ja damals bei den Czechen nicht allein für einen erprobten
Freisinnigen, sondern auch für einen entschiedenen Czechenfreund. Dieses
zweiten Ruhmes hat man auch später entkleidet, der erste freilich ist mir
an den Leib gewachsen, „wie dem Drachen seine Haut“: und man hätte mich
schneiden müssen, wollte man mir ihn abziehn! Strohbach stand durch seine
Abkunft – er stammt aus der Prager czechischen Bourgeoisie – den
eigentlichen Volksparthei nahe, und wenn er auch stets zu vorsichtig
war, sich direkt in Verbindung mit ihr einzulassen, so achtete er doch
sorgsam auf alles und wußte sich unauffällig und sicher um
das zu erkunden, was unter der Erde vorging. Aber auch er
schien keine Ahnung von den Ereignissen zu haben, in denen er
eine so hervorragende Rolle zu übernehmen, berufen war.
Wir sprachen lange über den Entwurf einer Gemeindeordnung,
welche mit auszuarbeiten Strohbach aufgefordert war, und die ein
direktes Zugeständniß der aristokratischen Stände an die Bour-

geoisie Böhmens seyn sollte. *Vergeblich kam ich mehrmals auf
die Revolution zurück – Strohbach schien heim Gemeindeornung
in der That für wichtiger zu halten. Es kam beinahe heraus, als erwarte er
mehr für Böhmen von den Arbeitern des ständischen Komité in Prag,
als von den Manifestation der provisorischen Regierung
in Frankreich und der deutschen Ständeversammlungen, die
bereits die Bewegung jenseits des Rheines leiteten. Ich war
in der That betroffen – solche Gleichgültigkeit bei Jenen zu
finden, die durch eine lange und eifrige Wirksamkeit
bereits in gutem Ansehen auch in den weiteren Kreisen des Volkes
standen, und denen, sobald die Massen sich erhoben, die Rolle
der Führer zufallen mussten. Ich stand nun wieder unschlüssig
da, an wen ich mich wenden sollte. Meine lange Abwesenheit
von Prag hatte mich aus allen Verbindung mit der eigent-
lichen Volksparthei, mit der sogenannten „böhmischen" Gesellschaften gebracht, die
schon seit fünfzehn Jahren in ewiger Conflikten mit der Polizei,
ihre nationale Zwecke unter allerhand harmlosen Formen verfolgten. Diese Gesellschaften, der Kern der nationalen Volksparthei
waren auch die eigentliche Faiseurs der Revolution, nicht
die gehorsame Werkzeuge der Ausführung fremder Ideen, nein Vollstreker selbst-
gefasster Pläne und Entschlüße!
Die Leute, die später in den Vordergrund traten und die Zügel ergriffen
hatten, wie überall anders, früher nicht einmal den Muth die Stichworte zu geben, und
weniger als es galt, sich selbstthätig zu betheiligen. Diese Volksparthei, meist aus der
kleinen Bourgeoisie und den Studenten an der Universität und der polytechnischen Schule rekrutirt,
machte die Revolution
auch zumeist mit ihren Mitteln, und ihr groeßter Fehler bestand nur darin, daß sie den Namen,
den Ausdruck für die eben vollendeten Thatsachen zu finden
aus erklärlicher Bescheidenheit der Aristokratie und
den treulosen, mit dieser gleich von Anfang an verbündeten Doktrinarismus über-
ließ diese Gevatterschaft erstickte wie überall das neugeborne Kind
so bald es nur ohne Gefahr anging, im Bade und
ich bedauere über die Organisation und die Wirksamkeit
dieser Gesellschaften nicht ausweichende Details geben zu können –
schon das Manige,
das ich davon erfahren habe, läßst ein sehr interes-
santes Capitel in der Geschichte der böhm. Revolution erwarten.
Sie waren alle halböffentlich, von der Polizei gekannt und überwacht und dessen ungeachtet wurden bestimmte Idolen mit uner-
schütterlicher Consequenz gepredigt und verwirklicht allen Hin-
dernißen zum Troz. Die Mittel waren uner-
schöpflich, die Ausführungen unermüdet, die Selbstbeherrschung
und Disziplin, ohne bestimmtes Status, beispiellos. Es musste
gelingen, was so sicher vorbereitet war – solche Geduld und
Ausdauer konnten nur zum ersehnten Ziele führen!
Ich wandte mich im Laufe des Tages an mehrere Freunde,
und fand sie alle zu meinem Erstaunen mit den Vor-
bereitungen zu einem großartigen Maskenballe beschäftigt. Dieser
hatte die Revolution total bis Seite geschoben, und es wurde von
nichts als Costümes und Quadrilles gesprochen. Mir fiel das
berühmte „Wir tanzen auf einem Vulkan" ein, als ich die
jungen feurigen Poeten ihr Trikott und Ballschuhe probirend
fand oder die Griffe von nichts nutzigen Theaterdegen putzend,
statt die Klingen tauglicher Schwerter zum bevorstehenden Kampf. Mir war als ob
ich eine Blasphemie begegne, als ich mein Jawort gab auf*

dem Balle zu erscheinen.

Es war mittlerweile Abend geworden und ich eilte in die Versammlung. Auf dem Wege dahin dachte ich mir: Es sei doch nicht möglich, daß ein solches Ereigniß ganz und gar wirkungslos vorüber gehen sollte, erinnerte ich mich deutlich der lebhaften Sympathien für den polnischen Aufstand im Jahre 1830 – selbst die unglückliche Erhebung im Jahre 1846 schien mir mehr Theilname gefunden zu haben, als die große siegreiche der Franzose in diesem Augenblick.

Ich sollte bald über das Maaß aufgeklärt wären.

Das lange schmale Besuchszimmer Graf Friedrich Deyms, durch ein Paar runde Ausbaue an den Fenstern nach Möglichkeit vergrößert, faßte kaum die Zahl Anwesenden. Es waren über dreißig Personen gegenwärtig. Ich trat in das Hauptquartier der Parthei, deren Hauptorgan Kurandas weitverbreitete Grenzboten waren und die man darum die „Grenzbotenparthei" nannte. Aus andern Feldlagern, mit denen man gelegentlich in Verkehr treten wollte, waren Abgeordnete da ad videndum et audiendum, so aus dem deutschen Bourgeoisie denen Sammelplatz die „kufmännische Resource" ist, wie aus den czechischen Doktrinairen, die damals in der sogenannten „Bürgerresource" das große Wort führten. Ich fand von den Grenzbotenparthei, die lediglich aus Aristokraten und Advokaten bestand, außer den beiden Grafen Deym, noch die Grafen Thun und Nostitz die Wortführer der ständischen Oposition, dann die Banquiers Lämmel und Riedel, Herrn Palazki und außerdem noch lauter Personen von lokalem Einfluß. Die Stimmung hier, wo gewissermaßen die Elite der Politiker vereinigt war, konnte füglich nur eine erhöhte seyn und war es auch. Zeitungen und Briefe wurden laut vorgelesen, viele Wangen glühten fieberhaft, überall sah man erblaste Geberden, es wurde debatirt und geflüstert – da war Leben und Bewegung wie es natürlich war, wenn große Ereigniße im Anzuge sind.

Ich habe mir von allem Gespräch nur eine Rede des Grafen Friedrichs Deym gemerkt, welche Vorschläge zu einer Reorganisation der landständischen Verhältnisse in Böhmen oder gar in ganz Oesterreich enthielt und die später, wenn ich nicht irre, im Druck erschienen ist. Dann wurde eine Adresse der böhmischen Stände an den Kaiser vorgelesen, in der um schleunige Berufung des Landtages gebeten wurde und die bereits zahlreiche Unterschriften enthielt. Zugleich wurde darauf gedrungen, daß das russische Geld zurückgeschickt werde, welches der Czar damals dem Kaiser von Oesterreich, „seinem guten Freunde" geliehen, und alle stimmten darüber ein, daß dieses Geld, das eine schwere drükende Verbindlichkeit auferlege, mit aller Anstrengung aufgebracht und zurückgezahlt werden müßte.

In diesem Augenblicke dürfe man Russland je keine Verbindlichkeiten schuldig seyn!

Die Mehrzahl der Anwesenden entfernte sich – nur die Deyms und – ich glaube – Graf Morzin blieben noch und hielten auch mich zurück. Ich erwartete nun redlich ein entschiedeneres Eingehen und sprach das Wort Revolution aus. Fritz Deym, der in Geruche eines Erzrebellen Stehenden, erhob finster und missbilligend die durchdringenden Augen gegen mich und verläugnete die Berechtigung zu solchen äußersten Schritt. Erinnere ich mich recht, so sagte Deym ungefähr: So lange die Stände da sind braucht sich das Volk nicht zu rühren" und Morzin erklärte an eine Revolution zu denken sei gradezu Unsinn. Auch Albert Deym war nichts weniger als dafür gestimmt, daß eine Bewegung statt finden

solle. Äußerst missvergnügt über diese Stimmung, die troz aller
Gereiztheit war dem, wie die Umstände damals lagen, einzig
mögliche Mittel zum Heile, nichts wissen wollte, ging ich nach
Hause und bereits den andern Morgen fuhr ich nach meiner Heimat
um meine Eltern wiederzusehen und dann nach Dresden zurückzukehren.
Wir haben in der Uiberschrift das czechische Element
in Böhmen, das in neuester Zeit hochmutig und an-
spruchsvoll der deutschen gegenübertrat, das Neucze-
chentum genannt. Damit haben wir eine Beziehung
in unserem Sinne und nach unserem Uiberzeugung
gegeben, werde aber auf heftigen Widerspruch von
Seiten der Bezeichneten stoßen.
Wir negieren von unserem Standpunkte aus, nicht
allein die Berechtigung zur Suprema-
tie eines Volkstammes über den andern dem-
selben geografischen Lande überhaupt, sondern auch
den ununterbrochenen Zusammenhang der neuesten An-
spruch der Czechen mit der faktischen Ausübung der-
selben seitens dieses Stammes in früherer Zeit,
und somit auch jede, aus diesem angeblichen
Zusammenhange hergeleitete Berechtigung ins Besondere!
Das Neuczechenthum ist uns eine neuwüchsige Er-
scheinung, ein junger Schluß, aus dem Moder eines
vermorschten Stumpfes entsprießend, von dem erst
zu erwarten steht, ob ihm die alte Wurzel auch
Säfte genug zuführen kann, daß er mehr als
ein Stoß, daß er ein Baum werde.
Wir können nicht in Abrede stellen, daß ein
suprematisches Czechenthum, wie es denen, die sich
heute so nennen, vorschwebt, seiner Zeit wirklich on
Böhmen existirt habe. Es war ein starkes
kampftüchtiges Element verkörpert in einem Volks-
stamm, der das Deutschthum, als solches, haßte, be-
kämpfte und, wo es anging, unterjochte. Aber dieses
Altczechenthum ist leere Tradition, und was sich
heute als solches ankündigt, ist keineswegs eine
natürliche Fortsetzung desselben, sondern eine vor-
sätzliche Nachahmung, die keine andere Grundlage,
als die der Sprache hat. Zwischen den lezten Lebens-
zeichen des Altczechenthums und zwischen den
ersten des neuen liegen eine Jahrhunderte. Jenes
verroechelte nach der Schlacht am Řžip in der
Person seines lezten Helden, Prokop des Großen.
Der lezte allgemeine Ausdruck, die thatsächliche
Protestation gegen alle Deutschthum, waren
die Hussitenkriege – mit der Zertrümmerung, der
faktischen Uibermuth des Czechenthums endigte seine
aktive Kraft, und wurde es Begriff. Als solcher
erscheint es seit dem Basler Verträgen,
der schwächliche überlebende Zwilling des starken Gefallenen, murrend
und grollend, aber nicht mehr ernstlich furchtbar.
Zwar erhob es seine Stimme beim Auf-
stande von 1618, um der Wahl eines deutschen Für-
sten zum Könige von Böhmen zu widersprechen, aber
niemand gab ihm mehr Gehör. Es handelte sich
nicht mehr um Czechenthum und Deutschthum, die Fra-

Ansprüche der Czechen-
Petition wegen der
Mährer und Schlesier -
fortwehrende Verletzung
der Gleichberechtigung
mit Berufung auf die
alte Zustände.

ge war „Wahlrecht oder Erbmonarchie" „römisch
oder lutherisch", „frei oder habsburgisch". Nachdem
die neue politische Opposition, aus deutschen und czechischen
Kräften gemischt, in der Weißenbergerschlacht vernichtet wurde, wie das Altczechenthum am Hřib,
verstummte jeder geografisch-nationale Einspruch überhaupt. Durch die Reformen Kaiser
Josephs des Zweiten verschwindet das Czechenthum auch als Begriff.
Seine Grabschrift war im Voraus geschrieben,
die wimmernde Nänie des Pfarrern Hammerschmidt
an der Prager Theinkirche ist der lezte hoffnungslose Ausdruck, der geistige Abschluß, wie die Schlacht am
Hřib der thatsächliche war. Zum gebrochenen Schwert
legte Hammerschmidt die stumpfe Feder.
O staroczeska zeme – fueramus quondam –
das kugelnde Latein, die die eingemischten Worte,
machen den komischen Eindruck einer krassen
Geschmacklosigkeit, die man sonst empfunden hätte. Über
das endliche Verschwinden eines einst gewaltigen Ele-
mentes aus dem Völkerleben.
Wir würden, wenn es von Einfluß auf die
praktische Fragen der Gegenwart seyn könnte, mehr
ins Detail gegangen seyn und sich auch zur Debatte
auf anderem Boden und zu anderen Zwecke gerne bereit. Hier können wir auf eine solche nicht eingehen.
Die historische Beweisführung, in welche die doktrinairen
Führer der Czechen so verliebt sind, daß sie fast
keine andere anerkennen, führt unter durchaus neuen Verhält-
nißen zu keinem Resultate. Der Streit nimmt kein
Ende,
wenn man dabei statt vorwärts in die Zeit, rükwärts in
die Geschichte geht. Diese biete ein unerschöpfliches Arsenal für beide Theile; sie ist wie der Karlsbader
Sprudel, der Alles versteinert, was hineingeworfen
wurde. Die Lüge so gut wie die Wahrheit, oder
mindestens das Recht so gut wie das Unrecht.
So wer entscheidet endgültig zwischen Zweien, wenn ein Dritter fehlt? Doch nur
die überwiegende lebendige Kraft, nicht der Herauf-
beschworene Schatten eines todten Rechtes.
Wir werden das Neuczechenthum von seinem
Ursprunge an verfolgen. Seine Genesis hat
etwas so Rührendes, wie der Anblick eines Still-
lebens von Ostade oder Tegnier. Der Dok-
trinalismus der alten Schule ist sein Vater, die
Romantik seine Mutter. In einer dürftigen Studier-
stube feiert dieses Paar sein Beilager und bietet
schüchtern seiner deutschen Herrschaft die Pathenstelle bei
dem Kindlein an.
Eine gewisse Dürftigkeit, eine
beschränkte Anschauung ist noch heute das geistige Kainszeichen des mittlerweile zum
trozigen Jüngling herangewachsenen Czechenthums.
Es fehlt seinen Leidenschaften aller großartige Ausdruck, sonst wurde es auch seine „Marseillaise"
haben, und nicht „Šuselka nám píše"

118

singen![+]
Seltsamer Weise ist wie lezte Altczeche ein
Geissführer war, auch der erste Neuczeche Einer,
der Abbe Dobrowski. Ein Jesuiten-
zögling ist es, der die geistigen Reste einer todten
Nationalität sammelt, die seinem Beispiele folgen, unter-
ziehe sich dieser Aufgabe aus romantischen Pietät,
aus doktrinairer Liebhaberei. Wie der lezte
Altczeche ohne Kraft und Würde abschließt, beginnt
der erste Neuczeche schüchtern und pedantisch, ohne
Ahnung der Möglichkeit, daß er für eine einstige
Thatsache arbeite.
Abbé Dobrowski wollte nichts weiter, als daß die
Czechische Sprache existire, wie die gälische oder bre-
tonische existiren, ernstlich hätte er sich
begnügt, auch wenn sie nicht mehr im Munde
eines Volkes, sondern nur im Büchersprache eines
Gelehrten bestand, als Gramatik, als Wör-
terbuch. Die wenigen Werke in dieser Sprache,
sollten zunächst als litterarische Curiosa, und
etwaigen Liebhabern der Philologie und des ro-
mantischen Patriotismus die Möglichkeit erhalten
bleiben, sie im Originale zu lesen.
Es war auch in jener Zeit und bei ruhiger Er-
wägung der Amtstände nicht wie Anderes zu
hoffen, noch weniger aber zu beginnen. Es
war kaum auf eine Fortsetzung des begonnenen
Werkes zu rechnen. Wem nüzte man mit der
neuen Sprachbelebung? Der Gebildete,
sollte sein geistiges
Bedürfniß aus dem lateinischen, französichen
oder dem so eben glänzend vermehrten deutschen
Sprachschatze, für wen sollte man also schreiben?
Für das Volk zunächst, das noch keine andere
Sprache gelernt hatte, das sich fern hielt von
Der römisch-deutschen Bildung, für welche die Jesuiten so
glücklich Propaganda gemacht? Aber dieses Volk
hatte überhaupt kein litterarisches Bedürfniß
und die Sprache entbehrte bei ihm aller höheren
Weihe durch lebendiges Vaterlandsgefühl,
aller Pflege durch den Drang zu wissen, aller
Veredlung durch den Verkehr mit dem Ta-
lent und der Bildung. Die lezten Neuczechen
dachten wahrhaftig eher daran, Proselyten un-
ter den Gebildeten zu machen, als das Volk
für sich zu bearbeiten. Sie trachteten neben die bereits
begünstigten Sprachen, die ihrige einzuschieben,
nicht sie diesen gegenüber als rivalisirende
aufzustellen. Vom kritischen Standpunkte
aus muß man ihnen Recht geben, sie waren

[+] *Dieses Pfützenlied, durch die Aufforderung Schuselkas an die Wahlen für Frankfurt Theil zu nehmen veranlaßt, wurde der allgemeine Ausdruck der czechischen Parthei. Ich weiß nicht, ob Palazki, Hanka oder sonst Einer der Koryphäen es laut mitgesungen hat? Vielleicht nicht – aber hat auch nur Einer von diesen Herren, die meist Männer der ernsten wie der schönen Wissenschaft sind dagegen protestirt?*

nicht verblendet wie ihre Nachfolger. Sie kannten die Entwicklung der andern Sprachen, den Inhalt
und Umfang der Litteraturen zu gut, um
einen so mühsamen und doch unfruchtbaren
Versuch zu machen. Ihnen war es klar, daß
die Zeit, in der ein Göthe, Schiller, Lessing und
andere Autoren erster Groesse dichteten, <u>war</u>
für die Wiederbelebung einer rivalisirenden
Sprache nicht günstig seyn konnte. Es hätte aus-
gesehen, als wollte man Windeln mit rothen Mark-
zeichen neben die Gobelintapeten nach den Rafaël-
kartons hängen. Erst die Nachfolgern dieser vor-
sichtigen, und bescheidenen Männer war es vorbehalten, sich durch den trozig herausgedehnten
Vergleich der czechischen Armut mit dem deutschen Reichthum umständlich lächerlich zu machen.
Es dürfte grade hier am besten Orte seyn,
die Bedeutenheit der ältern czechischen Litteratur in Erwägung zu ziehen. Eine
Hauptfrage bei der Entstehung des Neuczechenthums, so müsste das die seyn: Verlohnte es
sich der Mühe, die Sprache als litterarisches
Mittel neu zu beleben? Ist eine Große inhalt-
reiche Litteratur der Gesamtheit aller Gebildeten, wie dem Bedürfniß eines Volkes
dadurch zu erhalten? Die Antwort konnte nur im
Munde derer „Ja!" läuten, die das Werk
begannen, weil sie befangen waren, und Lust dazu hatten.
Hätte man ihnen diese Frage mit der Aufforderung gestellt,
erst eine Nomenklatur dieser litterarischen Schätze
vorzulegen, sie wären in die bitterste Verlangenheit
gerathen. Die Czechen reden übrigens noch heute
von ihrer älteren Litteratur, wie etwa die Aegypter
von ihren Obelisken, die Athener von ihren Statuen sprechen. Fragt
man, wo ist diese klassische Litteratur hingekommen, so
kann man noch heute die klägliche Antwort hören:
Die Schweden haben sie weggeführt, die Jesuiten haben
sie verbrannt!
Nach
der Wichtigkeit, die man ihr beilegte, hätte die,
nach Stockholm gebrachte vielbeweinte Rosenberg-
sche Bibliothek eine alexandrinische seyn können. Aber
Dobrowski selbst, der ein diesen Schatz zu heben, ei-
gends dahin gesandt wurde, musste einge-
stehen, daß die Ausbeute, auch unter den, besonders
beklagten, Manuskripten, eine sehr nothdürftige gewesen
sey. Natürlich, denn es kam nicht darauf an, wie
viel Bücher, sondern gerade wie viel czechische darunter, ent-
führt worden seyen.
Was die Bücher – auto da fé's der Jesuiten und ihrer
Helfer, der Dominikaner und Kapuziner, betrifft, so weiß
wohl niemand im Ernste glauben, solche hätten, zwei-
hundert Jahre nach Erfindung der Presse, den Inhalt
einer Litteratur wirklich verringern können. Hoechstens
die Masse der Bücher? Gelang es den Griechen und Römer
durch die Barbarei den Völkerwanderungen zu

Die Schweden führten
ein Paar Wagen Bücher mit
fort, als sie Prag nach dem
30jährigen Kriege verließen.

retten, so konnte dies mit den czechischen Klassikern
um so leichter der Fall seyn, da man sie nur über die
sächsiche Grenze zu schleppen brauchte. Die Tausende von
Auswanderern aus den gebildeten Ständen, die Böhmen
nach der Weissenberger Schlacht verließen, konnten
ja auch ihre geistigen Schätze retten. So da sie Zeit
hatten, dies mit ihrem Gelde zu thun. Wir glauben,
die Jesuiten könnten wohl zufrieden seyn, wenn sie
keine schwerere Schuld und keine schlimere Anklage
drückte!
In allem Ernste aber, warum zögern die Cze-
chen noch immer, der übrigen Welt in einer Lit-
teraturgeschichte, in einer Bibliographie Rechenschaft
Ihrer geistigen Besitze zu geben? Seit dreißig
Jahren schon beschäftiget sich eine verhältnißmäßig
große Zahl czechischer Gelehrter, mit allen nöthigen
Mittel versehen, mit dieser Forschung, ohne daß au-
ßer einem Paar Wiederauflagen von
Werken, die zunächst nur ein lokales Interesse haben,
viel davon zu merken wäre. Sie halten wahrschein-
lich noch zurück mit den Hauptwerken? Wir glau-
ben nicht, die Czechen sind Leute, die alle Nachtheile
zu großer Bescheidenheit zu würdigen wissen. Wahr-
scheinlicher dürfte die Vermuthung seyn, daß es
zwar „epopaeae su von Odysseae" seyen, was aus den
Fundgraben der Vorzeit zu Tage gefördert wurde.
Dem Deutschen, der die Anzahl Reimchroniken seines
Landes auch nur annähernd kennt, muß es förmlich naiv
und rührend vorkommen, wenn man ihm den einzigen Dalimil
entgegenhält, so wie die übertriebene Jubel über die
Königinhofer Handschrift und die andern kargen
Reste vortypischen Poesie in Böhmen eben nur ein
Kennzeichen tiefster Armut ist. Wir verlangen kei-
neswegs, daß die geistige Kraft von drei Millionen
daßelbe leiste, was die von mehr als zwanzigen, aber
wer trozig auf dem Vergleich besteht, muß wenig-
stens eine <u>verhältnißmäßige</u> Quote aufweisen können,
wenn er nicht für einen unwissenden Prahler gelten will.
Die czechischen Doktrinairen werden vornehmen Tones
auf diese Behauptungen antworten „man müsse nicht
von Dingen reden, die man nicht verstehe". Sie haben diese
Antwort gleich bei der Hand. Das böhmische gilt ihnen
wie den Skalden ihre Runenschrift, den Priestern ihre
Hieroglyphen, man soll es lernen, sagen sie, um
gerecht zu seyn! Ja, auf Treu und Glauben, auf
die Verjährung der Herren Leo Thun und Palazki
wird kein Mensch an dieses Studium gehn, so lange
er noch ein nothwendigeres vor sich hat.
Die Leute lernen der Sicherheit wegen doch lieber En-
glisch und Französisch! Man bürgt dafür, daß diese
Mühe belohnt wird? Eher wir zB. portugiesisch lernen –
ich nehme eine der ärmste Litteratur an – wissen wir, was wir
zu erwarten haben, den göttlichen Camoens, den Fonska,
den Pareira u. s. w. u. s. f. Wenn uns die Czechen nur
auch sagen wollten, was sie uns zu bieten haben, aber
das thun sie eben nicht! Sie verlangen Vertrauen und

das Studium einer Sprache, in der Worten wie
„strcz", „Rzerzicha" oder „przepeprzeniho" vorkommen.
Wir selbst wollen gern den
Vorwurf hinnehmen, wir verstünden gar nichts davon, und
urtheilen dennoch. Das mag
seyn. Aber mir han-
dle im eigensten Interesse
der Czechen, wenn wir
dieses Kapitel berühren.
Um ihre vornehme
Abgeschlossenheit hat sich
bis jetzt Niemand ge-
kümmert, und wenn ihnen
damit wirklich ein Un-
recht geschähe, so
vertheilte sich dieses gleichförmig
auf die ganze civilisirte Welt. Ich glaube es selbst, es
muß ungeheuer drücken auf das Selbstbewußtseyn einer
Nationalität, grade von der Bildung in solchen Maße
ignorirt zu werden. Wo ist die Litteraturgeschichte
irgend eines Volkes, die auch nur auf einer Seite
der geistigen Thätigkeit die Czechen erwähnt, und
es versucht, sie in die Reihe der gebildeten
Völker einzuführen? Völker, die politisch und numerisch weniger Bedeutung
haben und hatten, als die Czechen, sind nicht übersehen werden mit
ihren Geistesprodukten.
Aber warum sollte man grade gegen die Czechen so unge-
recht seyn und gewesen seyn durch die vollen zwei Jahrhun-
derte der Kritik, der Forschung, der Vervollstädigung? Wahr-
scheinlich nur darum, weil sie eben nichts aufweisen können,
das beweise, sie hätten in früherer Zeit auch eine parnassischen
Glanzperiode gahabt! Wir
wollen die Ersten seyn, die feierlich widerrufen, wenn wir
überzeugt werden von Gegentheil!
Wir haben uns deshalb etwas länger bei dieser Frage
aufgehalten, weil wir die Berufung einer Nationalität
auf ihre Litteratur für viel wichtiger, würdiger und nutz-
licher hallten, als auf ihre einstigen Berechtigungen, statt
auf ihre Geschichte. Bei Allen kann Zufall und blindes
Glück mitgewirkt haben, bei der Litteratur Talent, und
darum Verdienst, allein. Aber wir können nicht umhie,
auch diese höhere Berechtigung des Neuczechenthums an die Vorzeit anzuknüpfen nur
als einen dünnen Faden anzusehen, den wir bloß
aus Achtung vor jeder geistigen Bestrebung mit den
Ankertauen vergleichen, mit denen andere Völker an den
festen Boden ihrer älteren geistigen Thätigkeit hängen.
Wir kommen auf die erste blas romatisch-
doktrinaire Periode zurück, indem wir von der Würdigung
des redlichen Strebens der Neuczechen auf den Moment
übergehen, wo ein zweites Element, ein faktisches und praktisches
der bereits vorhandene verstärkt. Das Kindlein läßt von
der Muttermilch und verlangt nach gröberer Speise!
Der ehemalige Minister Graf Franz Kolowrat ist der
eigentliche Schöpfer des Neuczechenthums, wie es gegenwärtig
ist, weil er ihm die Lebenskraft einfloeßte, die eine wahr-
hafte Entwicklung in diesem Sinne möglich machte. Dem

alten Manne kann, wenn er einen ruhigen Blick auf seine
staatsmännische Vergangenheit bis zu dem Augenblicke wirft,
wo er oberster Burggraf und Präsident der böhmischen
Landesregierung geworden, diese Behauptung nicht unerwar-
ret kommen. Wir sind überzeugt, sie komt ihr auch
nicht unerwartet, sie mußte sich ihm aufdrängen,
wenn es nicht bereits früher geschah, als er die Prager Deputa-
tion empfing, und mit einemmale die geharnischte Saat
der Drachenzähne um ihn rasselte, die er ausgestreut,
der Cadmus des Neuczechenthums.
Graf Kolowrat, einer der wenigen noch übriger Stamm-
halters des alten unbändigen Adels, aus der vorhusitischen
Periode war vor Allen geeignet, das Unternehmen Do-
browskis zu fördern, weil bei ihm außer dem guten
Willen dafür auch die Macht zu finden war,
es zu schützen. Graf Kolowrat als oberster Burg-
graf sagte die Begünstigungen durch, deren es
bedurfte, um nicht von der Gleichgültigkeit erstickt,
von Mißtrauen erdrückt zu werden. Die Stiftung des böh-
mischen Museums, die Reorganisation der Akademie der
Wissenschaften, in welcher die Gleichberechtigung zuerst als
Prinzip der „matice czeska"⁺ geschehen nicht
nur unter seinem Schütze, sondern auch durch seine thatsächliche
Unterstützung. Gegen dies alles wäre aber durchaus
nichts einzuwenden, im Gegentheile waren alle diese Be-
mühungen nur richtige Consequenzen der Idee, die cze-
chische Sprache und Litteratur vor der Vernichtung zu be-
wahren. Nur ging man dabei schon – aber immer noch
folgerichtig und das deutsche Element nicht präjudizirend –
darin weiter, daß man die kleine neue Littera-
tur unterstützte und für eine künftige Reue zu
schaffen versuchte. Der Oberstburggraf wurde 1825
Minister des Innern, und der einflußreiche College,
ja sogar zuweilige Rival Metternichs, der nunmehr erst
aufmerksamer darauf wurde, was geschah und mög-
licherweise geschehen konnte. Graf Kolowrat war ein Czeche
und liebte seinen Volksstamm, das ist recht und billig,
aber in einem Gefühl, das über den bloßen Patriotis-
mus hinausging, führte er immer bis dahin unehrörten nationalen Nepotis-
mus in allen Zweigen der ihm unterstehenden oesterreichischen
Verwaltung hinein. Die Mehrzahl der Stellen wurden nach und nach
mit Böhmen besetzt, Böhmen verwalteten beinahe aus-
schließlich Polen, unter dem Vorwande, sie seyen als Stam-
genossen am schnellsten verwandbaren daselbst, da ihnen die
Volkssprache am wenigsten Schwierigkeit mache und Italien,
die Bureaus der Centralstellen in Wien füllten sich nach und nach
mit böhmischen Beamten, die czechische Nationalität genoß,
als sie als solche nur noch schlechterer sich erken-

⁺ Ein litterarisches Unternehmen, das als solches alle Anmer
kung verdient. Dadurch die Zeichnung von Betrüger wurde
ein Fund zur Herausgabe älterer und neuerer nationalen
  Werke gestiftet, welche als Entschädigung für den Beitrag an die
  ... gratis ausgegeben werden, während der Uiberrest der
Auflage in den Buchhandel komt. „Matice czecka" wurde durch
„böhmische Mutterlade" am vollständigsten wiedergegeben werden.

nen gab, bereits die Genugthuung Oesterreich fak-
tisch zu beherrschen. Daß die allgemeine Abneigung gegen
die Böhmen, die man überall als die Kralle im Fleisch
fühlte, um in allen Provinzen, besonders aber in
der Hauptstadt Wien sich kundgab und endlich troz aller Furcht vor der Polizei, sich offen aussprach, ist eine unleugbare That-
sache.

Alle diese Beamten wurden für die Idee des Neuczechenthums an-
geworben, und thaten instinktmäßig dem deutschen Wesen
Schaden und Abbruch, wo sie hinkamen, indem sie
„im deutschen Namen" ein an sich drückendes Prinzip
durch die herzlose Ausführung desselben, noch drückende
noch verhaßter machten. Es kann nicht die Rede davon
seyn, Ausnamen wegzuleugnen, aber die Regel
die traurige Regel bleibt darum nicht min-
der aufrecht. Graf Kolowrat ließ sich troz mehrfacher
Widersprüche – in Oesterreich durften damals nur Ge-
waltige widersprechen – in seinem System nicht irre machen.
Der Tod des Kaisers Franz, nach dem Kolowrat
testamentarisch in jenes hoechste
Vormundschafts Collegium Oesterreichs – die „Conferenz"
genannt, berufen wurde, änderte weiter nichts in den Ver-
hältnißen, im Gegentheile gab er den Grafen
nur desto freiere Hand. Wir können hier
die Beziehung dieses, als den Träger des liberalen
Prinzips in Oesterreich von der vormärzlichen Nai-
vität betrachteten Staatsmannes zum Neuczechenthum
abbrechen. Was er für dieses – gleichwie ob mit
Bewußtsage und Erkenntniß, oder aus Instinkt und
Liebhaberei – gethan, haben wir angegeben. Er fiel wie
ein welkes Blatt vom Baum, als der erste Stoß
des Sturmwindes seinen Wipfel schüttelte. Ihm den
schuldigen Zoll des Dankes abzustatten, möge denen
überlaßen bleiben, denen er wohlgethan – wir würden
diese Gesinnung seitens der Czechen natürlich finden und
anerkennen, aber es scheint eben nicht, als ob die
große Lust hätten, dieselbe zu äußern.
Während Kolowrat dem Neuczechenthum nach dieser
Seite hie Genossen warb, waren im Lande selbst,
die mittlerweile an Dobrowskis und seiner Mit-
strebenden Stellen getretenen Doktrinaire nicht müßig
gewesen. Jetzt tauchen die Namen Palazki und
Hanka auf und kurze Zeit nachher sehen wir
diese von einer zahlreichen Schule umgeben, die sich
noch immer den Anschein gibt, eine litterarische zu
seyn, in der That aber schon eine politische ist.
Graf Chotek, ein Mann den alles Neue reizte und
der sich mehr noch als Kolowrat darin gefiel
sich in satrapischer Ungeniertheit gegen Wien aufzulehnen,
was für die Neuczechen allerdings weniger angenehm,
aber er hatte die vortheilhafte Eigenschaft, an andern
Dingen mehr Spaß zu finden, als an der mühseligen Poli-
zeiverwaltung. Wenn die Lutzer sang, möchte Palazki
deklamiren – hörte er doch der Einen und nicht dem Andern
zu.